Marlin Watling

START
Gemeinden gründen –
von der Vision zur Wirklichkeit

Marlin Watling

START

Gemeinden gründen –
von der Vision zur Wirklichkeit

SCM R.Brockhaus   **vineyard** edition

SCM
Stiftung Christliche Medien

Dieses Werk einschließlich aller seiner Teile ist urheberrechtlich geschützt. Jede Verwendung außerhalb der engen Grenzen des Urheberrechtsgesetzes ist ohne vorherige schriftliche Einwilligung des Verlages unzulässig und strafbar. Das gilt insbesondere für Vervielfältigungen, Übersetzungen und die Einspeicherung und Verarbeitung in elektronischen Systemen.

© 2011 SCM R.Brockhaus im SCM-Verlag GmbH & Co. KG
Bodenborn 43 · 58452 Witten
Internet: www.scm-brockhaus.de; E-Mail: info@scm-brockhaus.de

Es wurden folgende Bibelübersetzungen verwendet:
Lutherbibel, revidierter Text 1984, durchgesehene Ausgabe in neuer Rechtschreibung, © 1999 Deutsche Bibelgesellschaft, Stuttgart. (LUT)

Neues Leben. Die Bibel, © Copyright der deutschen Ausgabe 2002 und 2006 by SCM R.Brockhaus im SCM-Verlag GmbH & Co. KG, Witten. (NLB)

Volxbibel Neues Testament 1.0, © 2005 Volxbibel Verlag, Witten. (VB)

Umschlaggestaltung: Johannes Schermuly, Wuppertal
Satz: Burkhard Lieverkus, Wuppertal | www.lieverkus.de
Druck und Bindung: CPI-Ebner & Spiegel, Ulm
Printed in Germany
ISBN 978-3-417-26379-4
Bestell-Nr. 226.379

Inhalt

Einleitung 7

Warum gründen? 11

1. Klarheit I 31
2. Klarheit II 39
3. Teamwork 55
4. Plan 75
5. Evangelisation 95
6. Empowerment 121

Anhang: Übungen und Anwendung 143

Für Noah

Einleitung

Wie entstehen Gemeinden? Jedes Wochenende besuchen Menschen Gottesdienste, jede Woche treffen sich Christen zu Hauskreisen und Dienstgruppen. Wo kommen sie her? Manche Gemeinden bestehen schon seit Menschengedenken, doch immer wieder entstehen auch neue Gruppen in unseren Städten und Dörfern.

In diesem Buch gehen wir auf die Reise und besuchen fünf Gottesdienste. Wir treffen Gemeindegründer in Bad Schönborn und Bern, Karlsruhe, Freiburg und Amsterdam. Dort schauen wir, wie diese jungen Gemeinden aus unterschiedlichen Bewegungen entstanden sind. Dabei kommen die Gründer selbst zu Wort:

- Matthias Vering erzählt von der Freien evangelischen Gemeinde (FeG) in Bad Schönborn, einem kleinen Kurort in Nordbaden, und ihrem Weg in den letzten zehn Jahren.
- Martin Bühlmann berichtet über sein Team, mit dem er vor 25 Jahren die Vineyard Bern gegründet hat und mit dem er bis heute zusammenarbeitet.
- Steffen Beck zeigt uns die Entwicklung der *International Christian Fellowship* (ICF) in Karlsruhe.
- Ralf Berger beschreibt eine Neugründung der evangelischen Landeskirche in der Innenstadt von Freiburg.
- Phil Graf teilt mit uns seine Erfahrungen bei Gemeindegründungen in Amsterdam und Portugal.

Es sind Menschen aus Fleisch und Blut, die Gemeinden ins Leben rufen. Mit diesem Buch wollen wir diese Bewegung unterstützen. Damit verbinden wir die Hoffnung, dass die Gründung von Gemeinden so leicht wird wie früher die Leitung einer Kleingruppe.

Dabei greifen wir auf eine Serie von Interviews im Winter 2008 zurück. Damals fragten wir uns, was für eine Gemeindegründung notwendig ist. Wir wollten wissen: Worauf kommt es bei einer Gemeindegründung an? Und was bringt sie in Gefahr? Dafür haben wir über 50 Interviews geführt. Wir fragten erfolgreiche Gründer. Wir fragten gescheiterte Gründer. Wir fragten Teammitglieder, die bei Gemeindegründungen mitgearbeitet hatten. Und wir fragten Verbandsleiter, die schon viele Gründer begleitet und Gründer ausgebildet hatten:

- Mike Breen – Leiter des *European Church Planting Networks* und Gründer von *3D Ministries*
- Christoph Schalk – Coach und Mitentwickler der *Natürlichen Gemeindeentwicklung*
- Jan von Wille – Leiter des *FEGW Deutschland*
- Martin Bühlmann – Leiter von *Vineyard DACH* und Gründer der *Vineyard Bern*
- Steve Nicholson – Leiter der *Church Planting Task Force* für *Vineyard USA* und Gründer der *Vineyard Evanston*
- Andrew Jones – Mitarbeiter von *DAWN Europe* und Blogger
- Steven Croft – Bischof der *Church of England*, Leiter von *Fresh Expressions,* einer Missionsbewegung in der *Church of England*
- Steve Sjogren – Gründer von fünf Gemeinden, darunter die *Vineyard Cincinnati*, bekannt für »dienende Evangelisation«
- Michael Winkler – Leiter des Gemeinde- und Dienstnetzwerkes *Forum Leben*, übergemeindlicher Berater und Leiter der *Werkstatt für Gemeindeaufbau*

Diese Interviews führten zu vielen Eindrücken. Wir waren bewegt. Darüber hinaus lasen wir Dutzende von Büchern, Hunderte von Artikeln und Tausende von Seiten über Gemeindegründung – alles, was wir an Futter bekommen konnten. Aber am wichtigsten waren uns die Geschichten – was wirklich in Deutschland funktioniert. Und zwar unabhängig von einer Theorie, einem Modell oder einer bestimmten Theologie. Dann sortierten wir im portugiesischen Faro zwei Tage lang unsere Gedanken. Wir folgten einem Design-Prozess, ähnlich wie es in den Ideenschmieden wie IDEO oder dem Hasso-Plattner-Institut in Potsdam praktiziert wird. Als wir unsere Gedanken auf Post-it-Zettel schrieben und damit vier Wände füllten, ergab sich ein Bild vor unseren Augen: Fünf Bereiche sind für eine Gemeindegründung von entscheidender Bedeutung.

> Fünf Bereiche

Am Anfang steht Klarheit. Man braucht eine stabile Persönlichkeit mit einem Blick für Veränderung. Sie sammelt oder mobilisiert ein Team um ihre Mission, das zusammenarbeitet und die Zukunft gestaltet. Sie entwickeln Wirkung nach außen und schaffen es, die Menschen in der Gemeinde aufzubauen. Das folgende Bild zeigt das Resultat unsrer Suche.

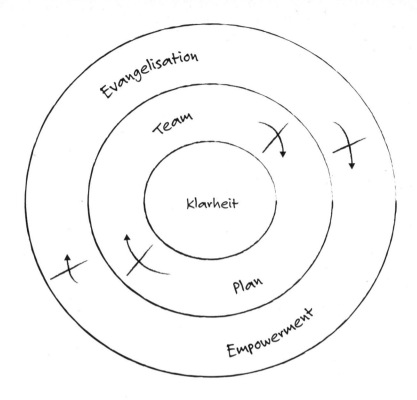

Diese fünf Themen sind die Kapitel dieses Buchs. Wir zeigen, warum diese Bereiche wichtig sind und wie sie im Verlauf einer Gemeindegründung funktionieren. Wir selbst kommen aus der Praxis und wollen herausfinden, was bei uns funktioniert. Ich war selbst in zwei Gründungen involviert – eine gescheiterte und eine erfolgreiche. Zurzeit begleite ich fünf Gründungen und beobachte zahlreiche andere. Von meiner Ausbildung bin ich Psychologe und arbeite in einer Firma als Personal- und Organisationsberater. Das prägt die Auswahl der Geschichten und Schwerpunkte.

Man kann über Gründung auch anders schreiben – und sollte das auch. In diesem Buch liegt der Schwerpunkt nicht auf Theologie oder einer kritischen Auseinandersetzung mit dem Thema. Diese Sichtweisen sind wichtig und hoffentlich gibt es hierzu noch viele Beiträge. Gründung ist ein vielschichtiges Thema und ich erhebe nicht den Anspruch, dies umfassend oder abschließend behandelt zu haben. Auch sind die fünf Themen hier das Ergebnis unserer Sicht der Dinge – zu einem gewissen Zeitpunkt mit einer gewissen Prägung und mit gewissen Erfahrungen. Es wird sicher in der Zukunft andere und bessere geben. Aber das hier ist, was wir auf unsrer Reise gefunden haben.

Und viele Leute haben uns dabei geholfen. Das ist das Wir, von dem ich hier immer wieder schreibe. Wir glauben, dass es viele lebendige Gemeinden in unserem Land gibt, die viel Gutes tun. Daher gibt es viel Dank zu verteilen:

Dank an das Vineyard Church Planting Team: Marcus Hausner, Jochen Hackstein, Roger Keller, Hannelore Rus, Rene Steiner, Marius Bühlmann.

Danke für die Unterstützung bei den Interviews: Anne Eckl, Katharina Müller, Arnhild Pross.

Danke meinen Mentoren und Wegbegleitern: Rick Ianniello, Michael Banks, Reinhard Rehberg, Martin Bühlmann, Detlef Schmidtke, Eddy Dück.

Dank meinem Gründungsteam in Heidelberg und der zweiten Gründergeneration: Volker und Suse Schmidt, Oliver und Patricia Fischer, Daniel und Angelina Teichmann, Jens und Naemi Bensing, Miriam und Jessen Kolanjikompil, Mirjam und Thomas Raith, Murat und Luise Yulafci.

Dank an die Interviewpartner, allen voran Steffen Beck, Martin Bühlmann, Matthias Vering, Ralf Berger, Phil Graf.

Dank an die Kommentatoren: Reinhold Scharnowski, Markus Lechner, Ed Einsiedler, Jochen Geiselhardt, Tobias Faix, Dominik Hofmann, Matthias Vering, Til Gerber, Kristian Reschke, Martin Bühlmann, Marius Bühlmann, Christoph Schneider, Matthias Ammann, Rene Steiner, Markus Roll, Motoki Tonn, Dennis Bitterli, David Schäfer, Marcus Rose, Christoph Schmitter, Dietrich Schindler, Jan von Wille, Stefan Lingott, Carmelina Trapani, Jonathan Dubowy, Alex und Linda Grieguszies.

Warum gründen?

I – Oasis, Belfast

Die Innenstadt von Belfast wirkt wie eine typische britische Stadt – Hafen, Backsteinhäuser, Linksverkehr und schlechtes Wetter. Die 250.000 Einwohner leben umgeben von Hügeln und mit Zugang zum Meer. In den Docks wurde zu den Hochzeiten des britischen Imperiums die Titanic gebaut. Die Kräne stehen noch heute im Hafen, dazu ein großer Stapel ungenutzter Paletten. Die Skyline erinnert noch an eine Industriestadt und die engen Häuser lassen die vielen Arbeiter erahnen, die hier einst das größte Schiff der Welt bauten. Das waren die guten Zeiten damals.

Anfang der 90er bot Belfast allerdings ein anderes Bild. »Ich war schockiert, als ich hierher kam«, sagte ein Auswanderer, der nach Jahrzehnten nach Belfast zurückkehrte. »Die jungen Menschen sahen so alt aus. Sie gingen gebückt, ließen den Kopf hängen und waren in sich gekehrt.« Das beschreibt die Misere, die Belfast durchleben musste. Laut Statistik gehörte die Innenstadt zu den schlechtesten Gebieten in Nordirland. Gesundheitsversorgung gab es kaum, Familien zerfielen genauso wie die Häuser, die Kriminalitätsrate war hoch, viele schwänzten die Schule und jeder Dritte war arbeitslos.

»Das Leben schien grau«, sagt Cliff Kennedy. Er ist der Leiter des *Oasis Centre*, das Kurse und Treffen für sozial Benachteiligte anbietet. »Es kamen keine Touristen in die Stadt. Abends ging jeder nach Hause und machte die Tür zu. Die Menschen existierten einfach vor sich hin. Es gab keine Hoffnung.« Der Bürgerkrieg mit der Republik Irland war in vollem Gange und paramilitärische Verbände bestimmten das Straßenbild. »Viele Leute lebten nur von Tag zu Tag. Es gab keinen Plan, keine Art von Hoffnung in ihrem Leben. Die Leute wurden dann gleichgültig und passiv. Oder kriminell. In Nordirland schlossen sich die Leute dann paramilitärischen Gruppen an. Das gab ihnen Bedeutung und füllte ihre Taschen mit etwas Geld.«

1991 hatte Kennedys Kirche eine Gebets- und Fastenwoche ausgerufen. »Sie hatten das Gefühl, dass Gott sie auf drei Dinge ansprach:

Versöhnung, Evangelisation und soziale Arbeit«, sagt Kennedy, der heute Mitte fünfzig ist. Sie fragten Kennedy, ob er sich an den sozialen Aktivitäten beteiligen wolle. »Wir gingen zur Behörde und baten sie, uns einen Raum zu geben, um mit unserer Arbeit anzufangen. Die gaben uns sofort einen Schlüssel für ein kleines Gebäude – zwei Räume unten, zwei Räume oben. Wir haben das einfach geöffnet, damit Leute kommen und sich mit anderen treffen konnten – und einen Tee zusammen trinken.«[*] Tee trinken – oh, so very British.

Das *Oasis Centre* war geboren. An der Thorndyke Street waren die Türen offen für alle, die reden wollten oder etwas brauchten. »Wir haben gefragt: Was sind eure Nöte?[**]«, so Kennedy heute. »Die Frauen sagten: Wir sind fast alle alleinerziehend. Wir haben niemand zum Vorbild. Könnt ihr uns helfen, unsere Kinder großzuziehen?« So gab es zunächst Erziehungskurse. Später kamen dann Hausaufgabenhilfe und Gesundheitskurse dazu. Heute werden Kinderbetreuung und Kurse angeboten, in denen man Lesen und Schreiben lernen kann, weil immer noch Tausende dort das nicht können. Außerdem gibt es Freundestreffen für Ältere und solche mit seelischen Krankheiten.[***]

> Versöhnung, Evangelisation und soziale Arbeit

Damals kam Mary zu Oasis. »Sie war Mitte fünfzig. Sie hinkte und brauchte einen Stock. Sie trug dunkle Kleidung«, sagt Kennedy. Ihr

---

[*] Jochen Geiselhardt (Baden-Baden) sagt: »Was so einfach klingt, ist es meistens nicht. Und trotzdem ist es ein Schlüssel für Gemeindegründung: Einfach beginnen! Oft machen wir es mit unseren Strategien und Plänen unnötig kompliziert, wo es doch einfach darum geht, dass wir Gemeinde an die Orte bringen, wo sie bislang nicht war. Diese Geschichte ist ein klassisches Beispiel, wo mutige Christen sich ›einfach‹ aufmachen und Gemeinde für ihren Ort sind.«

[**] Christoph Schneider (Calw) sagt: »Die Frage, die man auswendig lernen muss. Na ja, auswendig lernen ist vielleicht etwas einfach. Was verbirgt sich hinter der Frage? Meiner Meinung nach ist es eine gewisse Haltung zu den Menschen. ›Hey, wir interessieren uns für euch! Wir wollen euch in euren Nöten begegnen?‹ Wenn nur die Hälfte der christlichen Gemeinschaften, die es jetzt schon gibt, diese Frage stellen und auf die Antworten reagieren würden, hätte die Welt ein anderes Gesicht.«

[***] Dominik Hofmann (Wiesbaden) sagt: »Helfen, wo es gebraucht wird – das ist eine wunderbar pragmatische Herangehensweise. So oft kann ich mich über Jahre nicht dazu durchringen, eine Sache anzufangen, weil ich immer daran zweifle, ob genau das Gottes Wille ist oder vielleicht etwas anderes im Sinn hat. Doch einen Grundauftrag hat jeder von uns: Licht sein – und das geht eben nur dort, wo Dunkelheit herrscht und ganz konkrete Not am Mann ist. Einmal das Falsche tun ist vielleicht besser, als nie das Richtige tun …«

Arzt hatte ihr Oasis empfohlen, denn sie nahm seit 18 Jahren Antidepressiva und saß tagsüber allein zu Hause. »Mary wirkte zu Anfang sehr einsam. Und sehr depressiv. Es war schwierig, ein Gespräch mit ihr zu führen. Sie war gleichgültig. Ihr Blick war leer.« Sie kam, um einen Kurs zu belegen, in dem sie Selbstvertrauen lernen konnte. Drei Jahre blieb sie in engem Kontakt mit Oasis. Weitere Kurse folgten.

»Nach einer Weile ging sie zu ihrem Arzt und sagte, sie wolle die Tabletten absetzen«, berichtet Kennedy. »Auch der Stock blieb nach einer Weile zu Hause. Sie konnte wieder selbstständig laufen. Und ein paar Wochen später hatte sie eine Arbeit. Das erste Mal nach 19 Jahren. Mit dem Job änderte sie sich. Sie sprach mit Leuten. In ihrem Gang war eine neue Leichtigkeit zu finden. Sie brauchte keinen Stock mehr. Sie ging aufrechter. Sie lächelte öfter. Und sie hat bei uns mit einigen Gruppen geredet und ihre Geschichte erzählt. Das hätte sie vorher *nie* gemacht.«

Oasis Caring in Action wuchs von anfänglich vier Mitarbeitern auf heute 40. Sie sind noch immer dabei, Bildung und Jobs zu vermitteln, Selbstvertrauen aufzubauen und einsamen Menschen Freundschaft anzubieten. Ihr Auftrag *»transform lives, transform communities«* (»Leben verändern, Städte verändern«) wirkt in einen noch immer schwierigen Teil Belfasts hinein.

> Leben verändern, Städte verändern

II – Der keltische Tiger

Mary erlebte in diesen Jahren die Kraft des »keltischen Tigers« – die Bezeichnung für den wirtschaftlichen Aufschwung auf der Grünen Insel im Westen Europas. Bis vor Kurzem war Irland geplagt von Problemen und Armut. Es war das ärmste europäische Land. Die Arbeitslosigkeit lag 1980 bei 20 %. Nirgendwo auf der Welt gab es eine so hohe Pro-Kopf-Verschuldung wie in Irland. Man nannte das kleine Land »die Bettler Europas«. Der Krieg zwischen Katholiken und Protestanten zerriss die Nation und der bekannteste Export der kleinen Insel – die Band U2 – sang in *Sunday, Bloody Sunday*:

Broken bottles under children's feet
Bodies strewn across a dead-end street
but I won't heed the battle call
it puts my back up,
my back up against the wall

Sunday Bloody Sunday
Sunday Bloody Sunday

And this battle's yet begun
There's many lost, but tell me, who has won?
The trenches dug within our hearts
and mothers, children, brothers, sisters, torn apart

Sunday Bloody Sunday
Sunday Bloody Sunday

How long
How long must we sing this song
How long[1]

In Irland leben heute vier Millionen Menschen, nur wenig mehr als in Berlin. Durch die Probleme in Wirtschaft und Politik wurde Irland zu einer Emigrantennation. Man schätzt, dass 80 Millionen Iren in aller Welt leben. Das sind 20 Iren außerhalb ihrer angestammten Heimat auf jeden Iren in Irland. Irre. Die Wirtschaftsgeschichte von Irland vermittelt ein Gefühl für die Gründe dieses Exodus: die große irische Hungersnot (1740), die irische Kartoffel-Hungersnot (1840), die irische Hungersnot (1879), der Wirtschaftskrieg mit England (1833–1838), Blutsonntag (1920), Bürgerkrieg (1923), Blutsonntag (1972).

In den letzten 20 Jahren erlebte Irland allerdings einen Wandel. Cliff Kennedy dazu: »Es dauerte, aber die Leute bekamen langsam wieder Zuversicht. Die Aktivität der paramilitärischen Organisationen ging zurück. Die Häuser wurden langsam besser, es standen weniger leer. Graffiti wurden seltener. Dann kamen kleine Geschäfte und Leute hatten langsam wieder Jobs. Heute sind die Geschäfte länger

Zerbrochene Flaschen unter Kinderfüßen.
Leichen liegen in der Sackgasse.
Aber ich werde nicht auf den Schlachtruf hören.
Er drückt mich mit dem Rücken,
drückt meinen Rücken gegen die Wand.

Sonntag, blutiger Sonntag.
Sonntag, blutiger Sonntag.

Und die Schlacht hat schon begonnen.
So viel ist verloren, aber sag mir, wer gewonnen hat.
Der Graben ist in unseren Herzen ausgehoben,
Und Mütter, Kinder, Brüder, Schwestern
sind auseinandergerissen.

Sonntag, blutiger Sonntag.
Sonntag, blutiger Sonntag.

Wie lange ...
Wie lange noch müssen wir dieses Lied singen?
Wie lange?

offen. Die Leute gehen in die Parks und an den Strand. Es ist mehr Leben da.« Irland erlebte einen Boom an wirtschaftlicher Aktivität und Wohlstand. Die Arbeitslosigkeit fiel auf 3 %, das verfügbare Einkommen verdoppelte sich und wuchs schneller als irgendwo sonst auf der Welt. Der englische *Independent* schreibt über das Buch »Luck and the Irish« des Historikers und Professors R. F. Foster:

> *Wie wurde dieser hoffnungslose Fall in Europa so erfolgreich – fast über Nacht? Wer wie ich in den Fünfzigerjahren in Irland aufgewachsen ist, erinnert sich an die barfüßigen Kinder, die mächtige katholische Kirche, unendliche Armut und Emigranten en masse. Das hat sich verändert, nicht vollständig, aber doch gut sichtbar. Das Irland von heute erlebt eine wirtschaftliche Blüte, Wohlstand und Erfolg wachsen. Mit dem höchsten Pro-Kopf-Einkommen in Europa. Reicher sogar als die USA.*

Vor ein paar Jahren hat der Economist Irland als Nummer eins in puncto »Lebensqualität« gekürt. Investitionen fließen ins Land. Hochwertige Mikroelektronik und Pharmaartikel werden exportiert. Immer mehr Menschen strömen auf die Insel, obwohl Irland wahrscheinlich das einzige Land ist, dessen Bevölkerung heute geringer ist als vor 100 Jahren. Was ist passiert? Was haben die Iren gemacht?²

Diese Veränderung ist erstaunlich*. Dass Veränderung möglich ist, schenkt Hoffnung in verfahrenen Situationen. Diese Hoffnung ermutigt uns, die Initiative** zu ergreifen, und lässt ähnliche Veränderungen für Länder wie Haiti, Ruanda oder Bangladesch nicht unmöglich erscheinen. Da erhebt sich die Frage: Was hat diese Veränderung in Irland ermöglicht? Manche sprechen von einem historischem Glücksfall, vom Eintritt in die Europäische Union, vom Gehaltsgefälle zu Amerika, davon, dass in Irland die Weltsprache Englisch gesprochen wird, von der abnehmenden Geburtenrate, von veränderten Einstellungen, weil die katholische Kirche an Einfluss verliert (R.F. Foster: »Die psychologische Haltung im Land hat sich verändert und erweitert, [...] – wahrscheinlich auf alle Zeit«³). Komplexe Veränderungen wie die eines Wirtschaftssystems haben sicher vielfältige Erklärungen.

In einem Artikel vom Januar 2008 schreibt die *New York Times*: »Die Veränderung kam in den 1990ern. Die Steuern und Zinsen fielen und auf einmal glaubten wir an uns.« In Studien über den Wandel in Irland werden Steuern und Infrastruktur stets als entscheidende Faktoren gesehen. Einkommen- wie auch Firmensteuern wurden gesenkt. So bezahlen Firmen in Irland nur 12 % Steuer auf gewerbliche Gewinne – verglichen mit 28 % in England, 30 % in Deutschland oder 39 %

---

* Jochen Geiselhart (Baden-Baden) sagt: »Veränderung ist ein zentraler Begriff für Gemeindegründung. Die Frage ist nur, was wir ändern wollen. Geht es darum, der Gemeindelandschaft eine weitere Gemeinde hinzuzufügen, oder tatsächlich um veränderte Menschen, Familien und Städte?«
** Dominik Hofmann (Wiesbaden) sagt: »›Hoffnung ermutigt Initiative‹ – so habe ich unsere Situation als mögliche Gründer noch gar nicht betrachtet. Ich dachte immer: ›Wenn wir sehen wollen, dass sich etwas tut, dann müssen wir es eben tun.‹ Aber dass Gott durch unsere Initiative auch andere inspirieren kann, auf den Zug aufzuspringen, die dann wiederum frischen Wind, neue Energie und Motivation mit einbringen, das ist ein sehr ermutigender Gedanke. Vielleicht ist es ja nur an mir, den ersten Stein anzustoßen – und Gott kümmert sich darum, genügend andere mitzureißen. Ein herrlicher Gedanke!«

in den USA.[4] Viele internationale Firmen wie Dell, Microsoft oder Intel eröffneten Niederlassungen in Irland.

Außerdem entschieden sich die Iren, höhere Bildung allen kostenlos zugänglich zu machen. Seit 1968 werden weiterführende Schulen wie auch Universitäten und Fachhochschulen vom Staat finanziert. Das führte dazu, dass sich die Zahl der Hochschulabgänger verdoppelt hat und mit 30 % an der Spitze in Europa liegt.[5] Die Regierung richtete *Enterprise Ireland* ein – eine Institution zur Förderung von Firmengründungen. Kenny Sherry, der Direktor von *Enterprise Ireland*, sagt:

> Veränderung ist möglich

»Wir haben Hunderten von Personen und Gruppen geholfen. Wir müssen neue Ansätze unterstützen – in Nanotechnologie, Biotechnologie und anderen Wissenschaften. Wir können uns nicht darauf ausruhen, was uns bis hierher gebracht hat.«[6]

Was führte die Veränderung in Irland herbei? Was ist nötig, um einen Aufschwung zu fördern? Wie das Beispiel von Irland zeigt, ist Veränderung möglich. Aber Irland ist nicht der einzige Ort, wo sich etwas ändert.

III – Der rote Drachen

Pfarrer Jin Mingri nahm seinen Platz am Rednerpult ein und machte eine ungewöhnliche Ansage. »Bitte, geht«, sagte der 39-jährige Pastor seinen Zuhörern, die alle standen und an diesem Sonntagmittag einen umfunktionierten Büroraum in Chinas Hauptstadt aus allen Nähten platzen ließen. »Wir haben nicht genügend Platz für die anderen, die kommen wollen. Bitte kommt nur zu einem Gottesdienst pro Tag.«

Neben ihm stand ein Chor in knallrosa Gewand, daneben ein Gitarrist und ein Schlagzeug. Die Kinder im Nebenraum bereicherten den Gottesdienst mit Zwischenrufen und gelegentlichem Weinen. Es war ein voller Tag in einer Kirche, die es auf dem Papier gar nicht gibt. Das Christentum – unterdrückt, verfolgt und in vielen Fällen seit einem halben Jahrhundert illegal in China – überrollt das Land. Die Kirchen sind übervoll und fordern den offiziellen Atheismus der Kommunistischen Partei heraus.[7]

Dieser Bericht über einen Sonntag in China ist erstaunlich. Seit jeher war China ein Land mit eigener Kultur und relativ verschlossen gegen Einflüsse von außen. Seit Jahrhunderten hatten Missionare versucht, das Evangelium ins Land der Glasnudeln zu bringen – mit wenig Erfolg. Und die letzten 70 Jahre unter der Regierung der Kommunistischen Partei sorgten für eine fast aussichtslose Perspektive für das Christentum in China.

»Es ist erstaunlich, dass es heute 80 Millionen Christen gibt«, sagt David Aikman, der frühere Korrespondent des *Time Magazine* in Peking[8]. Das sind 10 Millionen mehr als Mitglieder in der Kommunistischen Partei. Das sind bald 10 Prozent des Landes. Das sind so viele Christen, wie Deutschland Einwohner hat. »Wahrscheinlich sind 45 Millionen davon einfach in Hausgemeinden organisiert, dann gibt es 12 Millionen Katholiken und 20 Millionen in der katholisch-patriotischen Vereinigung – der offiziell anerkannten Kirche. 1949 gab es dort nur 3 Millionen Katholiken und etwa eine Million Protestanten.« Das ist eine Wachstumsrate von 9 % pro Jahr[9]. Damit wächst die Kirche in China schneller als die Gemeinde nach der Zeit Jesu. Deren Wachstumsrate belief sich nach dem Soziologen Rodney Stark auf 4 % pro Jahr während der ersten 350 Jahre[10]. Wenn das in China so weitergeht, werden in ein paar Jahrzehnten 500 Millionen Christen in China leben.

> Mehr Christen als Kommunisten

Was führte zu dieser explosionsartigen Ausbreitung des Christentums in China? »Während der Kulturrevolution (1966–1976) wurde jede Kirche in China geschlossen«, sagt David Aikman. »Die offiziellen Strukturen der protestantischen und katholischen Christenheit in China wurden von der Volksbefreiungsarmee zerstört. Christen mussten sich an improvisierten Orten treffen: in Häusern, auf dem Feld, im Wald. Weil die Regierung so aggressiv gegen das Christentum vorging, meinten die Christen, es sei wohl am besten, offen und energisch zu evangelisieren. So oft wie möglich. Überall. Als sich China dann 1979 wieder etwas öffnete, gab es diese Netzwerke von Hauskirchen, die in ganz China ihren Einfluss ausübten und weiter neben der Kirche bestehen.«[11]

Während dieser Unterdrückung und danach wurde die zentrale Organisation der Kirche verändert in eine dezentrale Struktur. Wo vorher

»offizielle« Leiter in den Gemeinden das Sagen hatten, waren es jetzt die »funktionalen« Leiter. Wer leiten konnte, hielt die Christen in seiner Gegend zusammen. Die Volksbefreiungsarmee versuchte immer wieder, diese Netzwerke aufzubrechen, indem sie die Leiter identifizierte und in Lagern inhaftieren ließ.

Wang Mingdao war ein solcher Leiter in einem Hausnetzwerk. Er wurde 1900 geboren und gründete 1925 eine christliche Kirche in Peking. Wang war in ganz China unterwegs, um Menschen vom Glauben zu erzählen, und gründete überall neue Kirchen. Als er 1955 nicht der offiziellen katholisch-patriotischen Vereinigung (KPV) beitrat, wurden er und seine Frau verhaftet. Er blieb bis 1980 im Straflager und wurde mehrfach gefoltert.[12] Eine Konsequenz dieser Verfolgung war die weitere Dezentralisierung der Leitung. Die chinesischen Christen mussten darauf achten, neue Leiter auszubilden und die Kirche einfach zu halten*. Wang Mingdaos Ansatz im Hinblick auf Kirche war: »Lieber wenige gute Dinge als viele schlechte.«** Ungewollt wurde die Kirche dazu gezwungen, wie beim wirtschaftlichen Aufschwung in Irland ihre Kapazitäten zu stärken – mehr Leiter, mehr Beteiligung, mehr Neugründungen. Konsequenz: mehr Wachstum.

Veränderung geschieht nicht durch Interesse und Nachfrage, sondern durch die Anzahl und Energie der Leiter. Der amerikanische Soziologe Rodney Stark untersucht seit 40 Jahren die Ausbreitung von Religionen und das Wachstum von Bewegungen. »Veränderungen in der Religiosität werden hauptsächlich durch das Angebot vorangetrieben«, sagt Stark. Seine Theorie könnte auch als »Büfett-Modell« verstanden werden. Statt wie bei einer herkömmlichen Menüfolge die Gerichte nacheinander anzubieten, werden bei einem Büfett alle Speisen gleichzeitig

> Das Büfett-Modell

---

* Jochen Geiselhart (Baden-Baden) sagt: »›Kirche einfach halten‹ könnte eine Lösung der Misere in der westlichen Welt sein. Einfache Kirche konzentriert sich auf das Wesentliche, braucht keine komplizierten Strukturen und kann auch von mehr Menschen geleitet werden als die großen Gemeinden. Hierzu müsste aber ein radikales Umdenken stattfinden, das bislang nicht erkennbar ist.«

** Jonathan Dubowy (Mannheim) sagt: »Uns in Mannheim war klar, wenn Gemeinde wachsen soll und wenn sie das schnell soll, ohne zu einer Institution zu werden, dann muss sie einfach bleiben. Ein klarer Auftrag in einer schlichten und anpassungsfähigen Form ist die beste Voraussetzung für epidemisches Wachstum. Daraus ist unser Ansatz einer organischen und dezentralen Netzwerkgemeinde erwachsen, in der jeder Leiter werden kann beziehungsweise ist und Verantwortung für die Multiplikation der Gemeinde übernimmt – je mehr, desto besser.«

dargeboten. Und wer kennt das nicht von Hochzeiten, Gemeindefeiern oder Geburtstagen – mehr Angebot führt zu mehr Nachfrage.

Aber stimmt das auch? Gibt es nicht gerade in Europa viele Kirchen, also viele Angebote? Und diese Kirchen sind, nun ja, nicht immer sehr wirkungsvoll. »Wenn die Kirchen mehr Energie haben und zielstrebiger vorgehen, dann wachsen sie auch mehr«, sagt Rodney Stark. Die Anzahl an sich ist seiner Meinung nicht allein entscheidend. Das Engagement der Kirchen – Zweckmäßigkeit, Motivation und Anzahl – sind die Faktoren, die zu mehr Nachfrage führen.

Stark untersuchte dazu die Entwicklung der Christenheit in den USA in den letzten 250 Jahren: »Zur Entstehungszeit der Vereinigten Staaten gab es einige offizielle Kirchen, so wie in Europa. Ungefähr 17 % der Menschen gingen einmal im Monat in die Kirche, so wie heute in Westeuropa – das sagt die Umfrage der Europäischen Union über Werte in unsrer Zeit. In den USA änderte sich das mit dem Unabhängigkeitskrieg. In den elf Kolonien gab es danach keine offizielle Kirche mehr, sondern es brach ein Wettbewerb unter den verschiedenen Gruppen aus. Methodisten, Baptisten, Shaker und alle möglichen anderen wuchsen und gediehen. Anfang des 20. Jahrhunderts schließlich waren fast 50 % der US-Amerikaner Kirchgänger«.[13]

Dann müsste sich also auch zeigen, dass mehr Kirchen an einem Ort zu mehr Kirchgang und Beteiligung führen. Um seine Annahmen weiter zu prüfen, zitiert Stark eine Studie mit der Frage: Was passiert, wenn es pro 1000 Einwohner mehr Kirchen an einem Ort gibt? Wie wirkt sich das auf Teilnahme am Gemeindeleben aus? Wie auf Beteiligung der Ehrenamtlichen? Wie auf die Zugehörigkeit?

	Anzahl der Kirchen pro 1000 Einwohner			
	1	2	3	4+
Prozent mit Kirchenzugehörigkeit	27,4	36,0	34,8	43,4
Prozent mit Teilnahme an Sunday School	15,8	22,3	25,2	37,4
Prozent mit bezahltem Leiter	55,7	46,3	38,7	30,1

Wettbewerb und Religiosität in amerikanischen Orten (1923–1925)[14]

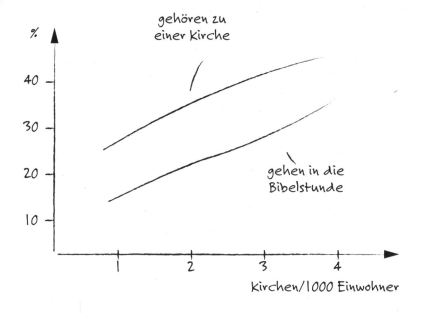

Hier stellte sich natürlich die Frage nach Ursache und Wirkung. Führen mehr Kirchen zu mehr Zugehörigkeit und Beteiligung? Oder sind einfach dort mehr Kirchen, wo die Leute bereitwilliger mitmachen? Stark und Kollegen schauten in historische Daten (USA 1776 bis 2005) sowie aktuelle Daten (Sowjetunion und Italien 1980 bis heute). In allen Fällen ist es so, dass dort, wo mehr und unterschiedliche Kirchen zugelassen werden, mit der Zeit Gottesdienstbesuch und Beteiligung steigen.

Stark betrachtete auch die Wanderung von ethnischen Gruppen in ein anderes Umfeld – zum Beispiel Deutsche, die nach Amerika gehen. Dort waren die Deutschen anfangs genauso wenig am Glauben interessiert wie hierzulande, doch mit der Zeit wurden sie viel interessierter und aktiver im Glauben, bis sie sich ebenso beteiligten wie die amerikanische Bevölkerung um sie herum. Das lässt darauf schließen, dass tatsächlich die Zugehörigkeit und Beteiligung an Kirche durch das Angebot gefördert wird. Wettbewerb belebt das Geschäft. Eine größere Anzahl und Vielfalt von Kirchen führt zu mehr Nachfrage.

Warum ist das so? Wenn eine Gemeinde entsteht, dann braucht sie eine Botschaft, die ansprechend ist. Sie muss klar und attraktiv genug sein, um Menschen zu mobilisieren. Das zwingt die Gründer auch dazu, auf die Menschen zuzugehen und ihre Sprache zu sprechen. Wettbewerb fördert die Qualität der Inhalte und erfordert mehr Aktivität und Effizienz in der Umsetzung. Eine neue Gemeinde entsteht nicht von selbst, sondern braucht Energie und Hingabe. Deshalb ist Gemeindegründung ein Weg zur Stärkung der Glaubenslandschaft.

Rodney Stark dazu: »Gründung ist Erneuerung. Gründer gehen auf Leute zu und sagen: So funktioniert Religion besser. Ohne Gründung hast du eine Situation wie in Europa im Mittelalter: eine Monopolkirche, die kaum Menschen mobilisiert, die ineffektiv leitet und insgesamt faul ist. In den Religionskriegen versuchte die Monopolkirche, die Erneuerung zu verhindern. Heute sind Neugründungen leichter möglich und damit auch die beständige Erneuerung des Glaubens und der Inhalte.« Vielfalt ist überall um uns herum. Sie bringt Leben und unterschiedliche Lebensumfelder. Vielfalt im Glauben bewirkt das Gleiche.

> Die Botschaft muss klar und attraktiv sein.

IV – Die Meile unter vier Minuten

»Meine Damen und Herren! Hier ist das Ergebnis vom Lauf Nummer 9, dem Lauf über eine Meile: Erster: Nummer 41, R.G. Bannister von der Amateur-Athletik-Vereinigung aus Oxford. Mit einer Zeit, die zum neuen Veranstaltungsrekord wird und – sofern bestätigt – zu einer neuen englischen Legende, zum britischen Rekord, Europarekord, Rekord im britischen Commonwealth und Weltrekord. Die Zeit war 3…« Der Rest der Ankündigung ging im aufgeregten Geschrei der Menge unter.[15]

> Die magische Marke wird unterboten!

Roger Bannister lief am 6. Mai 1954 auf dem Universitätssportplatz der Oxford University an der Iffley Road die Meile in 3 Minuten und 59,4 Sekunden. Es war die sogenannte Traummeile. Jahrzehntelang war die 4-Minuten-Grenze die magische Marke, von der man glaubte, sie könne nicht durchbrochen werden. Und dann war es so weit.

Auf diesen Meilenstein hatte die Menschheit 3 215 Tage gewartet – fast 10 Jahre. Seit Beginn der Aufzeichnungen durch den internationalen Leichtathletikverband hatte kein Weltrekord so lange Bestand gehabt. Der Schwede Gunder Hägg war am 17. Juli 1945 mit 4 Minuten und 1,3 Sekunden die letzte Rekordzeit gelaufen. Im Schnitt blieb ein Weltrekord auf der Meile 2,7 Jahre – oder 1014 Tage – bestehen. Roger Bannister durchbrach als erster Mensch diese Schranke, was niemand für möglich gehalten hatte. Am 21. Juni 1954 lief dann der Australier John Landy im finnischen Turku die Meile in 3 Minuten 57,9 Sekunden. Er unterbot Bannisters Jahrhundertereignis um satte 1,5 Sekunden. Und das nur 46 Tage nach Bannisters Lauf. Wie kann das sein?

»Ich erinnere mich an die Zeit, wo es unmöglich schien, eine Meile unter 4 Minuten zu laufen«, sagt Peter Drucker, der als einer der einflussreichsten Denker und Autoren zu Unternehmen und Strategie gilt. »Es war Anfang der Zwanzigerjahre. Ich war damals in der High School und wir sagten: ›Der Herr hat den menschlichen Körper einfach nicht dazu erschaffen, schneller als vier Minuten auf die Meile zu laufen.‹ Dann wurde diese Marke durchbrochen. Und sechs Wochen später liefen wir alle zehn Sekunden schneller auf die Meile. So funktioniert das.«[16] Peter Drucker zieht daraus folgende Lehren:

Wenn man über die Motivation der Masse spricht, kann ich dir nur sagen, dass es die falsche Frage ist. Wir haben gelernt, dass man die Leiter inspiriert. Ich habe einmal dabei geholfen, eine schnell wachsende Schule aufzubauen, wo wir junge Leute anstellen mussten, die noch nie gelehrt hatten. Und ich musste sie auf anspruchsvolle Schüler loslassen. Jeder der neuen Lehrer kam zu mir und fragte: »Was soll ich tun?« Ich sagte: »Stell sicher, dass du die besten zehn Prozent der Klasse nicht verlierst. Wenn du die verlierst, hast du alle verloren. Vergiss nicht, dass Jesus nur zwölf Apostel gewählt hat. Hätte er 60 gewählt, hätte er es nicht machen können. Es war schwierig genug mit den zwölf. Man arbeitet mit den Leitern, denn es gibt diese Regel im Leben, dass der Unterschied zwischen den Leitern und dem Durchschnitt gleich bleibt. Man sieht das im Sport, in der Musik, in fast jedem Lebensbereich. Die Aufgabe des Leiters ist es, einen hohen Standard zu etablieren. Durch Beispiel. Was eine Person tut, kann eine andere nachahmen. [17]

Der Verweis auf Jesus ist interessant. Er sprach zwar mit den Massen, schien aber nicht daran interessiert, sie zu organisieren oder ihre Energie zu nutzen. Er investierte seine Zeit und Gedanken in eine kleine Gruppe von zwölf Menschen, die seine Werte und seine Methoden verinnerlichen sollten[*]. Mit anderen Worten: Er investierte in die Kapazität der Leitung. Jesus investierte in die Infrastruktur. Er baute das Angebot auf, um damit die Nachfrage zu organisieren. Jesus sagte: »Die Ernte ist groß, aber es sind nicht genügend Arbeiter da« (Matthäus 9,37; NLB). Das Potenzial zur Ernte schien in seiner Sicht gegeben. Doch woran liegt es, dass dieses Potenzial nicht ausgeschöpft werden kann? An den Arbeitern. Mit ihnen bringt Gott die Ernte ein.

> In wen investierst du?

Paulus schaute sich diese Dynamik bei Jesus ab und gab das an seine Mitarbeiter weiter: »Was du von mir gehört hast, das sollst du auch weitergeben an Menschen, die vertrauenswürdig und fähig sind, andere zu lehren« (2. Timotheus 2,2; NLB). Paulus investierte in Leute, die wiederum in andere investieren. Und diese investieren wieder in andere. Und diese investieren … Und so weiter.[**] Das ist das Infrastruktur-Argument: Angebot aufbauen, das führt zu Nachfrage. Mit diesem Kreislauf haben es die ersten Christen geschafft, innerhalb von 350 Jahren den gesamten Mittelmeerraum zu bekehren. Das ist die Dynamik, die in China wirkt.

Wir gründen Gemeinden, weil wir das Reich Gottes in unserem Umfeld sehen wollen. Bei unseren Freunden, unter unseren Kollegen, in unseren Orten. Gründung ist die Investition, die zu Veränderung führt. Die Felder sind reif, wir brauchen Arbeiter für die Ernte. »Leute brauchen Inspiration«, sie gehen nicht einfach in die Kirche«, sagt Rodney Stark. »Jemand muss die Botschaft zu den Leuten tragen und sie dafür begeistern. Ich sehe Zeichen, dass es diesen Aufschwung im Hinblick auf Religion in Europa gibt. Nur die Evangelikalen haben die Zutaten dazu, denn die anderen Gruppen sind zu liberal und

---

[*] Jochen Geiselhart (Baden-Baden) sagt: »Die Frage nach Werten ist ein Aspekt, der in der Gemeindegründungsliteratur leider eine untergeordnete Rolle spielt. Dabei entscheidet sie alles. Überlegungen nach Methoden sind dabei – immer noch – hoch im Kurs und viele Leiter suchen nach der Methode, vor allem wenn sie von Jesus eingeführt worden sein soll. Nur enden diese Versuche oft in einer Sackgasse, funktionieren nicht wie gewünscht und frustrieren die Leiter. Vielleicht sollten wir die Suche danach einstellen?«

[**] Christoph Schneider (Calw) sagt: »Und jetzt kommen wir. In wen investierst du?«

können die Leute nicht mobilisieren. Je mehr Leute sich beteiligen, desto mehr wird die Religion wachsen.«* Wir brauchen Gemeinden, die lebendig und engagiert sind. Mehr Gemeinden sind besser, denn sie werden mehr Leute erreichen.** Das Ziel ist die Evangelisation unseres Landes. Das Ziel ist, das Reich Gottes hierzulande sichtbar zu machen.

Gibt es Anzeichen für diese Nachfrage in Europa?

V – Rückkehr zu Gott

Wolfram Weimer gründete 2004 das Politikmagazin *Cicero* – das »Magazin für politische Kultur«. Heute ist er Mitte 40 und ein erfahrener Journalist, hat für die *FAZ* und *Die Welt* geschrieben und später die *Berliner Morgenpost* herausgegeben. Er hat in seiner Karriere zahlreiche Preise gewonnen, den prominentesten im Jahr 2004, als er Deutschlands »Journalist des Jahres« wurde. Weimer wirkt wie ein ZDF-Mann vom *heute-journal* – groß, mit Krawatte, gepflegt, spricht gestochenes Hochdeutsch. Wenn er redet, scheint das alles durchdacht und richtig zu sein.

In Cicero bringt Weimer öfter einmal Interviews mit Peter Sloterdijk oder Jürgen Habermas – den Starphilosophen aus Deutschland. Philosophie und Publizistik sind ja nicht gerade bekannt für ihre Wertschätzung für Glauben und Christentum. 2006 veröffentlicht Wolfram Weimer einen Artikel mit dem Titel »Credo – warum die Rückkehr der Religion gut ist«. Darin schreibt er: »Die Prognose: Das 21. Jahrhundert wird ein Zeitalter der Religion. Das Urteil: Entgegen düsterer Prophezeiungen muss das nicht schlecht sein. Das Comeback des re-

---

* Tobias Faix (Marburg) sagt: „Ich weiß nicht, ob uns diese Kategorien weiterbringen. Den Gedanken der Beteiligung finde ich hingegen sehr gut, wir müssen uns weg von der Konsumgemeinde hin zu einer Beteiligungsgemeinde entwickeln."
** Jonathan Dubowy (Mannheim) sagt: »Nicht durch ›mehr Gemeinde‹, sondern durch andere Gemeinde werden andere Menschen erreicht. Nämlich die Menschen um uns herum, die Menschen, mit denen wir auf natürliche Weise zu tun haben. Die Menschen in Deutschland haben Nachfrage nach Gottes Reich und diese muss entdeckt werden. Deswegen wollten wir Gemeinde, die so einfach ist, dass sie quasi überall gelebt werden kann. Nämlich überall dort, wo zwei oder drei in Jesu Namen zusammenkommen, um Gottes Reich zu vergrößern. Einfache Gemeinde – einfach gelebt.«

ligiösen Bewusstseins könnte sogar eine kulturelle Renaissance des Abendlandes erzwingen.« *18**

Als Papst Johannes Paul II. im Sterben lag, waren die Menschen überrascht von den großen Menschenaufläufen und sprachen von »Medienhype«. Als der konservative Benedikt XVI.

> Das Comeback des religiösen Bewusstseins

zum Weltjugendtag nach Köln kam, strömten eine Million Menschen auf die Felder vor der Domstadt. Das war nicht richtig erklärbar, überraschte und bekam wieder das Label »Hype«. Diese Überraschung lässt sich wahrscheinlich auf die Ansicht zurückführen, der Glaube in Europa sei schon länger auf dem absteigenden Ast. Man war der Meinung: »Gott ist tot.« Und die Kirche sei angezählt. Weimer dazu: »Das ironische Zeitalter tut seine letzten Seufzer, denn Gott kehrt zurück, und zwar mit Macht – im doppelten Sinne des Wortes. Nicht nur als philosophische Kategorie, revitalisierte Tradition oder spirituelle Kraft. Er kommt mitten hinein in den politischen Raum.«

Dieses Interesse an geistlichen Fragen zeigt sich in der Umfrage »Eurobarometer 2005« der Europäischen Kommission. »Glauben Sie an Gott?« ist eine Frage darin. Im Schnitt bejahen das zwei von drei Europäern. Die folgende Karte zeigt die Verteilung des Glaubens. In Österreich glauben demnach 54 %, in der Schweiz 48 % und in Deutschland 47 % der Menschen an Gott.[19]**

Die irische Musikerin Sinéad O'Connor, bekannt für ihren Hit *Nothing compares 2 U*, war am 3. Oktober 1992 als musikalischer Gast in der amerikanischen Sendung *Saturday Night Live* geladen. Ihr erstes Lied war aus ihrem neuen Album *Am I Not Your Girl?*, das sie mit ihrer Band sang. Dann stimmte sie das Lied *War* von Bob Marley an, das wegen seiner Aufforderung zur Gewalt früher verboten worden war. Sinéad sang das Lied alleine, ohne Instrumente. Sie war ganz

---

* Reinhold Scharnowski (Thun) sagt: »In seltsamem Gegensatz zu dieser und ähnlichen Voraussagen steht das (scheinbar?) totale geistliche Desinteresse sehr vieler Menschen, die ich kenne. Und selbst wenn sie spirituelles Interesse haben – ist das eine gute Voraussetzung, dass sie auch für Jesus offen werden, oder eher ein Hindernis (im Sinne von ›Spiritualität statt Glaube‹)? Fragen, denen wir m.E. vertieft nachgehen müssen.«

** Tobias Faix (Marburg) sagt: »Während vor ein paar Jahrzehnten noch klar war, dass ›Gott‹ den Gott der Bibel meint, ist dies heute bei Weitem nicht mehr klar. Gott ist ein ›Synonym‹, das jede und jeder selbst mit seinen Vorstellungen und Erfahrungen füllt, von Star Trek über Esoterik bis zum lieben Gott. Was vielleicht alle vereint, ist die Sehnsucht nach etwas Übernatürlichem, etwas, was meinem immer unsicherer werdenden Leben etwas Sicherheit geben kann.«

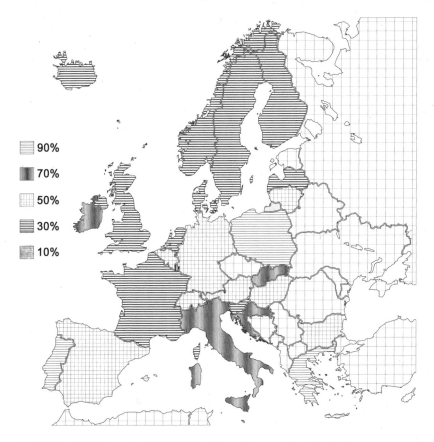

in Weiß gekleidet und wie üblich kahl geschoren. Als sie die Kameras gegen Ende in Nahaufnahme zeigten, schrie sie: »Bekämpft den wahren Feind!« Sie zog ein Bild von Johannes Paul II. vor die Kameras und zerriss es in Stücke. Der Saal verstummte. Der Sender schaltete in die Werbung.[20]

2007 brachte Sinéad ihr zwölftes Album *Theology* auf den Markt. Die Songs haben einen spirituellen Inhalt und beziehen sich hauptsächlich auf das Alte Testament. »Ich bewundere Religion und liebe sie. Wie bei allem gibt es daran negative Erscheinungen … In einer Zeit des Krieges ist *Theology* einfach ein Versuch, einen Ort des Friedens zu schaffen. Ich hoffe, diese Aufnahme wird die Menschen daran erinnern, dass Gott vielleicht kein wütender, bestrafender, kriegerischer Gott ist, sondern ein sanftmütiger und mitfühlender Gott, der tatsächlich traurig darüber ist, uns zu verlieren«, sagt Sinéad. Sie singt: »I adore you ... and your journey toward me.«[21]

Noch einmal Weimer:

> *Der Schriftsteller Mario Vargas Llosa beschreibt die Lage so: »Wir haben uns geirrt, als wir behaupteten, die Menschen könnten ohne Religion auskommen. Aber nur eine Minorität ist in der Lage, Religion und Ethik durch Kultur zu ersetzen. Die große Mehrheit der Menschen braucht Transzendenz. Deshalb sollte man die Religion nicht bekämpfen.«[*]*
>
> *Es gibt ganz offensichtlich jene urwuchtige spirituelle Kraft, die aus der Tiefe des menschlichen Wesens gespeist wird. Man kann es auch Heimweh nach Gott nennen. Dieses Heimweh wird stärker. Vielleicht wird der Mensch des 21. Jahrhunderts wieder Mystiker, vielleicht wird sein Heimweh der Reflex auf die Raserei der Moderne, vielleicht braucht er religiöse Moral als ethischen Halt mehr denn je, vielleicht wird der Religiöse der eigentliche Revolutionär unserer Zeit, vielleicht wird er irgendwann erklären: Credo, ergo sum.[22]*

Menschen haben Heimweh nach Gott[**]. Auch im Herzen Europas. Man könnte fast sagen, die Felder sind reif zur Ernte.[***] Wenn wir Veränderung in unserem Land zu Jesus hin wünschen, dann ist Gemeinde-

---

[*] Dominik Hofmann (Wiesbaden) sagt: »Ein Stück weit ist dieses Ersetzen von Religion durch Kultur auch eine Altersfrage – wie die Berliner Zeitung kürzlich feststellte: An der Uni bläst die künftige Bildungselite noch geschlossen zum Kampf gegen den längst überholten Glauben. Doch im Szeneviertel Kreuzberg, wo eben jene ehemals überzeugten Atheisten jetzt älter werden und Familien gründen, ist aktuell ein riesiger Ansturm auf die örtlichen Kirchen zu beobachten (siehe BZ-Artikel vom Mai 2009, URL: http://www.berlinonline.de/berliner-zeitung/archiv/.bin/dump.fcgi/2009/0522/berlin/0005/index.html).«

[**] Jochen Geiselhart (Baden-Baden) sagt: »Und hier könnte die Chance der Kirche liegen, gerade wenn sie neue Gemeinden hervorbringen will – sie müssen eine Antwort auf dieses Heimweh geben, können dabei aber nicht unbedingt auf die Strukturen und Konzepte zurückgreifen, die sie bislang anwendeten, denn die haben die Menschen nicht angezogen – auch die freikirchlichen nicht.«

[***] Christoph Schneider (Calw) sagt: » Wenn ich an die Menschen in meinem Umfeld denke, dann spüre ich deutlich, dass die Zeit reif ist. Die Frage ist, wie können wir auf die Sehnsüchte, die Nöte oder das Heimweh der Menschen als Christen begegnen? Gemeindegründung scheint mir dafür ein guter Weg zu sein. Gemeinden, die sich nicht in Abgrenzung zueinander definieren, sondern im Miteinander, gemeinsam Gottes Erntehelfer zu sein und in Vielfalt nah bei Gott und bei den Menschen zu sein.«

gründung der Weg dazu. Wenn wir unsere Freunde und Kollegen mit Jesus bekannt machen wollen, dann braucht es Gemeinden, die Vielfalt ausdrücken und aktiv in unseren Orten wirken. Deshalb nennen Gemeindeexperten die Gemeindegründung »die effektivste Methode der Evangelisation in der Welt«[23]. Wie im irischen Wirtschaftssystem kann es auch in der Glaubenslandschaft in Deutschland zu einer Veränderung kommen. Wie in der Kirche in China können wir hierzulande erleben, wie das Evangelium an Kraft zunimmt. Wie bei Jesus ist es dazu nötig, auf der Seite der Leiter und Initiative zu investieren. Auf diesen Seiten berichten wir von dem Weg, den wir in unseren Interviews gefunden haben. Wie entstehen Gemeinden? Was braucht es hierzulande dazu? Wo setzen wir an?

Kapitel 1

Klarheit I

Dein Auge ist das Fenster deines Körpers. Ein klares Auge lässt das Licht bis in deine Seele dringen – Jesus in Matthäus 6,22 (NLB)

I – Bad Schönborn

Sonntagmorgen, 10 Uhr – der Gottesdienst der Freien evangelischen Gemeinde (FeG) im nordbadischen Bad Schönborn beginnt. In diesem Kurort mit 12 000 Einwohnern gab es vor 1999 noch keine FeG. Heute ist sie am Ortsrand in einem nagelneuen Gebäude zu Hause, das wie ein Architektenbüro für eine erfolgreiche Start-up-Firma aussieht. An diesem Morgen kommen 150 Erwachsene pünktlich zum Gottesdienst, in der letzten Reihe müssen noch Stühle nachgestellt werden. Nach einer frischen Begrüßung – »wir freuen uns, dass Sie heute Morgen gekommen sind« – und ein paar Liedern werden die knapp 50 Kinder in ihren Kindergottesdienst entlassen. Es scheint, dass sie auf diesen Moment gewartet haben, denn sie rennen durch die zwei großen Glastüren am Ende des Saals, als wäre draußen ein Berg mit Nutella und Zuckerwatte.

Gut eine Stunde nach Beginn des Gottesdienstes findet der Pastor die letzten Worte seiner kurzweiligen Predigt, spricht ein Gebet und die Gemeinde singt ein Lied. »Wir hoffen, Sie hatten einen angenehmen Gottesdienst. Wir laden Sie ein, im Foyer noch eine kleine Erfrischung mitzunehmen, und hoffen, Sie kommen wieder.« Mit dem anschließenden Segen ist der Gottesdienst beendet und es sieht so aus, als freuten sich die vielen jungen Familien auf die Erfrischung genauso wie die Kinder auf die Kinderstunde. Eng gedrängt sammeln sich Jugendliche und Ältere, Familien vereint mit ihren Kindern und Neugierige im Foyer.

Da kommt Matthias Vering, der durch den Gottesdienst geleitet hat, durch die Glastüren. »Hallo«, sagt er mit freundlichem Lächeln. Matthias ist etwa 1,80 Meter groß, Ende vierzig, und hat die Gemeinde vor zehn Jahren mitgegründet. Er hat kurze Haare, die in die Höhe stehen

(»Spikes«), trägt wie immer ein Hemd und eine Fielmann-mäßige Brille. Wenn er redet, schaut er nach dem ersten Augenkontakt häufig in die Ferne – als gäbe es da eine Realität am Horizont, die man nur mit so einer Fielmann-Brille sieht. Matthias ist gelernter Informatiker, leitet seit 20 Jahren Projekte und Großgruppen und war als »Vice President und General Manager« tätig. Heute arbeitet er unter anderem als Berater und Coach, vor allem im Bereich »Change Management«.

Wie ist die Gemeinde in Bad Schönborn entstanden? Warum wurde sie gegründet? »Wir waren damals in der FeG in Heidelberg. Lange Jahre. Das ist ungefähr 20 Kilometer entfernt. Die Gemeinde in Heidelberg war recht groß – 200 Leute – und wir hatten ungefähr 25 Leute von hier. Da kam schon häufiger die Frage auf, ob wir nicht hier was starten wollen. Weil wir etwas weiter weg von Heidelberg wohnten, konnten wir keine Freunde mitnehmen«, meint Matthias. Es ist eine typische Situation – am Anfang steht eine Frage, die einen Prozess auslöst. In den nächsten zwei Minuten erklärt Matthias diesen Prozess und nennt ihn den »Ablösungsprozess von der Muttergemeinde«. Man merkt, dass Matthias häufig Ideen formuliert und klar auf den Punkt kommt. Die Gründung hat sicherlich von dieser Fähigkeit profitiert. »Es dauerte neun Monate, bis sich die Idee durchsetzte. Heidelberg verlor schließlich zehn Prozent ihrer Mitglieder auf einen Schlag.« Außerdem war es während dieser Phase wichtig, die gemeinsame Identität zu entwickeln. »Wir brauchten eine gemeinsame DNA. Wir mussten lernen, uns aufeinander zu verlassen.«

> »Wir konnten keine Freunde in den Gottesdienst mitnehmen.«

»Während der nächsten zwei Jahre war die Startphase«, meint Matthias. »Sie war stark geprägt vom Pastor aus Heidelberg, der hatte schon zwei Gemeinden gegründet und war die prägende Figur. Er verkörperte die Werte.« Während dieser Zeit entwickelt sich eine klare Richtung für die junge Gruppe. Wie üblich waren die Ideen noch nicht ausformuliert, sondern formten sich, während die Gruppe auf dem Weg war. Es entstand das Papier »Unser Traum von Gemeinde«[*], das heute noch

---

[*] Matthias Vering (Bad Schönborn) sagt: »Der ›Traum von unserer Gemeinde‹ ist etwas ganz Besonderes. Er ist heute, zehn Jahre nach der Gründung der Gemeinde, immer noch aktuell. Ich bekomme manchmal eine Gänsehaut, wenn ich ihn lese.« (Zu finden unter www.fegbs.de)

prägend ist.* »Während dieser Zeit gab es sehr viel zu tun«, meint Matthias, »die Gruppe war sehr homogen, das war ein wirklicher Vorteil.«

Dann kam die »Mitarbeiter-Wachstumsphase«. Leute kamen durch Freundschaften und Events zur Gemeinde – Konzerte, Kinderprogramme und offene Abende. Dann war es an der Zeit, selbstständig zu werden. Die junge Gemeinde machte sich auf den Weg, einen neuen Pastor zu suchen. »Der musste zur Vision passen. Wir hatten das damals formuliert: von schwachen Menschen zu starken Mitarbeitern zu machen. Mit Volker Nieland haben wir die ideale Besetzung gefunden.« Damit war die Gemeinde gut auf dem Weg. 75 Personen kamen mittlerweile in die FeG im Kurort. Jetzt ging es in die »Bauphase« – ein Gemeindehaus musste her und die Gründung ging über zum Gemeindebau.

Was war in der Gründung entscheidend? »Ich denke, es war die Klarheit. Wir hatten im Team eine gemeinsame Geschichte von Heidelberg her«, meint Matthias. »Da waren gute Beziehungen und wir haben miteinander gebetet. Wir waren auch stark durch Rick Warren geprägt. Wie er Gemeinde versteht – die fünf Aufträge –, hat uns geholfen, unseren Auftrag besser zu verstehen und klar zu formulieren.« Immer wieder spricht Matthias die Dynamik im Team an. »Es gibt eine ganz erstaunliche Übereinstimmung in Grundfragen – ob beim Bau oder im Programm. Da sind wenig Kompromisse drin.«

Wo kommt dieser Grundkonsens her? »Vieles davon sind die guten Beziehungen – auch mit sehr unterschiedlichen Leuten. Wir beten viel zusammen. Wir haben ein klares Verständnis, wo wir hinwollen. Da können wir Leuten viel Freiheit geben.« In der Leitung hat das auch viel mit »unsichtbarer Leitung« zu tun, nämlich die wichtigen Themen anzusprechen – und die unwichtigen wegzulassen.

Nach zehn Jahren kommen über 200 Menschen am Rande eines Kurorts zusammen. Der Weg war nicht von Anfang an klar vorgezeichnet. Manche Prägung ergibt sich erst unterwegs. Die Gemeinsamkeit nimmt in der Geschichte der FeG Bad Schönborn eine wichtige Rolle ein. Sie erwuchs aus der Fähigkeit der Leiter, die junge Gruppe auf ein gemeinsames Ziel auszurichten und den Fokus darauf zu erhalten. Peter Drucker meint dazu:

---

* Alex und Linda Grieguszies (Frankfurt) sagen: »Uns ist beim Lesen bewusst geworden, dass es wichtig ist, sich Zeit zum gemeinsamen Träumen zu nehmen. Es braucht Zeit, um sich besser kennenzulernen und sich zu vertrauen, damit eine gemeinsame Vision entstehen kann.«

Eine gemeinnützige Organisation ist dazu da, Veränderung in Einzelnen und in der Gesellschaft zu bewirken. Am Anfang muss man über den Auftrag reden. Der ultimative Test ist nicht die Schönheit der Formulierung eines Auftrags. Der ultimative Test eines Auftrags ist die richtige Aktion.

Die häufigste Frage von Leitern in Organisationen lautet: Welche Eigenschaften soll eine Führungskraft mitbringen? Diese Frage setzt voraus, dass man Führung in einer Charisma-Schule lernen kann. Aber die Führungskraft, die auf sich selbst schaut, führt in die falsche Richtung. Die drei charismatischsten Leiter des 20. Jahrhunderts haben der Menschheit das größte Leid gebracht: Hitler, Stalin und Mao. Nicht das Charisma des Leiters ist entscheidend. Der Auftrag ist entscheidend. Die erste Aufgabe des Leiters ist, den Auftrag zu durchdenken und zu formulieren.* [24]

Die Geschichte der FeG Bad Schönborn wirkt einfach und fast vorhersehbar. Die Worte sind markant: »*gemeinsame DNA****, aufeinander verlassen, klare Richtung, prägende Figur, Werte verkörpern, muss zur Vision passen, ein klares Verständnis für den Auftrag, Übereinstimmung in Grundfragen.*« Es sind diese Worte, die die Geschichte so unaufhaltsam erscheinen lassen. Sie wachsen aus einer Klarheit und einem Team rund um diese Klarheit. Sie hatten einen klaren Fokus und wussten, was sie wollten.***

Wie kommt man zu seinem Auftrag?

---

* Matthias Vering (Bad Schönborn) sagt: »Wir sind als Gemeinde attraktiv für Menschen, die selber etwas beitragen wollen, die selber mitmachen und Verantwortung übernehmen. Es macht Spaß, mit solchen Menschen etwas zusammen zu machen – beim Arbeiten, beim Beten und auch beim gemeinschaftsfördernden Miteinander.«

** Til Gerber (Mannheim) sagt: »Ich habe das einmal als ›labeling the bus‹ gehört. Als ich die Gemeindegründung in Aberdeen miterleben durfte, versuchte das leitende Ehepaar nicht, so viele Leute wie möglich in den Bus zu kriegen, sondern sprach ganz einfach über die Route – und einige stiegen ein, da ihnen der Kurs gefiel, stiegen zum Teil aber auch wieder aus, als sie feststellten, dass sie lieber woanders hinfahren möchten.«

*** Markus Lechner (Wonfurt) sagt: »Fehlende Einheit im Leitungsteam war einer der Gründe, warum unsere erste Gemeindeaufbauarbeit nach zehn Jahren scheiterte. Obwohl neue Menschen dazukamen und es nach außen den Anschein erweckte, wir wären eine Vorbildgemeinde, war das Innenleben geprägt von Misstrauen und unterschiedlichsten Vorstellungen, wie unser Gemeindeleben aussehen sollte. Was toll begann, endete in Frustration, Verletzung und ›Ausgebranntsein‹. Aus diesen Erfahrungen heraus sind für uns freundschaftliche Beziehungen untereinander eine Voraussetzung, um eine gemeinsame Vision zu entwickeln und im Alltag zu leben.«

II – Werte

Im 12. Jahrhundert entdeckten Europäer, dass eine magnetische Nadel auf dem Wasser schwimmend sich stets in einer Richtung ausrichtet. Diese Beobachtung wurde untersucht und führte in den nächsten Jahrzehnten zur »Erfindung« des Kompasses – kein ganz treffender Begriff, weil die Chinesen ihn schon über 1000 Jahre vorher erfunden hatten. Im Westen aber erkannte man den Wert dieser Erfindung.

Denn früher lief alle Erkundung von fremden Gebieten über Berichte, Aufzeichnungen auf Landkarten und Beschreibungen von Wegzeichen. Berge, Flüsse und Türme waren die Leitplanken einer Expedition. Damit war man aber an das Land gebunden. Eine Nadel jedoch, die sich immer nach Norden ausrichtet, kann Orientierung geben, wo keine Hügel und Türme sind. Jetzt konnte man auch Forschungsfahrten auf den Weltmeeren unternehmen, fernab vom Heimathafen oder bekannten Gewässern. Es folgte das »Zeitalter der Entdeckungen«, wobei Portugiesen und Spanier die führende Rolle innehatten. Und in den folgenden Jahren sollten alle Enden der Erde entdeckt und erforscht werden – vom neuen Kontinent bis zu Inseln inmitten der Meere.

Werte sind der Kompass im Leben eines Menschen. Sie eröffnen ihm einen intuitiven Zugang zu ganz unterschiedlichen Themen und stellen die Leitplanken für sein Handeln und Empfinden dar. James Kouzes und Barry Posner nennen Werte in ihrem Buch *The Leadership Challenge* die »inneren Maßstäbe, die jeden Aspekt unseres Lebens beeinflussen«. Werte sind subjektiv, jeder hat seine eigenen Maßstäbe. Für Leiter ist es wichtig, sich dieser Werte bewusst zu sein. Denn dadurch bekommen sie einen unverrückbaren »Nordpol«, der dem Leben Konstanz gibt. Andere können diese Werte nachvollziehen und sich darauf einlassen. Bewusste Werte führen zu Klarheit.

Am Anfang einer Gruppe stehen einige Personen, die sich über ähnliche Werte finden und daraus einen Auftrag ableiten. Etwas ist ihnen wichtig und sie beschließen, sich auf die Reise zur Umsetzung zu machen. In Bad Schönborn war es der Wunsch, Freunde in die Gemeinde mitzunehmen. Wie bei einer Reise steht dieses Warum am Anfang: Urlaub zur Entspannung; Hauskauf zur Familienerweiterung.

> Werte sind der Kompass im Leben eines Menschen.

Das Warum steht am Anfang. Es ist die Mission, die zur Klarheit führt und der Gemeindegründung ihren Sinn gibt.

Einer der größten Namen auf dem Gebiet der Führungsentwicklung ist Noel Tichy. Tichy war bei *General Electrics* unter Jack Welch für die Führungsausbildung verantwortlich. Er arbeitete in zahlreichen internationalen Unternehmen und besitzt umfassende Erfahrung. In seinen Büchern (zum Beispiel *The Leadership Engine*) spricht Tichy über Werte. »Ohne Werte werden wichtige Fragen von einer opportunistischen Haltung entschieden und die Führung driftet ins Mittelmaß ab«, so der Professor für Führung und Management. »Werte sind eins der schwierigsten Themen für Leiter.«[25]

In seinen Workshops stellt Tichy den Führungskräften folgende Aufgabe[26]: »Malt eine Linie von links nach rechts aufs Papier. Das ist die Zeitachse. Dann eine von unten nach oben. Das ist die emotionale Energie. Oben ist Plus, unten ist Minus. Dann malt eure emotionale Kurve, wie es euch in Führungssituationen erging. So weit zurück, wie ihr wollt. Wenn ihr die Kurve habt, beschreibt die Hoch- und Tiefpunkte. Was ist da passiert? Welche Werte wurden da berührt? Wo hat sich was verändert?«[27]

Aus vergangenen Ereignissen wächst die Selbsterkenntnis im Hinblick auf die inneren Werte, und auf diese Weise kann man ihnen auch auf die Spur kommen. In unseren Interviews merkten wir, wie Gründer sich auf diesen Prozess einließen, bis es zu einem klaren Auftrag für sie führte. Sie wussten, warum sie Gemeinden gründen. Sie hatten einen Ruf von Gott. »Ich würde Gründer immer fragen«, so Matthias Vering, »ob die Gründung ein Schritt auf einem guten Weg ist. Passt es? Läuft man da vor etwas weg oder ist es eine gesunde Weiterentwicklung des Weges?«

Auftrag und Werte liegen einer Gründung zugrunde. Dies war in vielen erfolgreichen Gründungen klar. Wenn man weiß, dass man losgehen will, lautet die Frage natürlich: wohin?

III – Die Kraft des Bildes

Florence Chadwick war schon als kleines Kind eine begeisterte Schwimmerin. Mit zehn Jahren nahm sie an einem Schwimmwettbewerb teil und war das erste Kind, das die Bucht von San Diego (USA) durchschwamm, immerhin über zwei Kilometer. Die Liebe zum Langstreckenschwimmen wuchs. Florence versuchte dann im August 1950, den Ärmelkanal von Frankreich nach England zu durchschwimmen. 32 Kilometer. Sie schaffte es. Ein Jahr später wollte sie in umgekehrter Richtung von England nach Frankreich schwimmen und als erster Mensch den Ärmelkanal in beide Richtungen durchschwimmen. Sie schaffte es.

Ein Jahr später, 1952, wollte Florence als erste Frau von der Insel Santa Catalina nach Palos Verdes an der kalifornischen Küste schwimmen. Der Pazifik ist zu jeder Jahreszeit eiskalt und gelegentlich bevölkern Haie das Wasser. Am 4. Juli mussten sie Begleitboote auf den 34 Kilometern vor den Haien schützen. Es herrschte dichter Nebel, sodass die Boote Florence beinahe aus dem Blick verloren. Die Amerikaner sahen im Fernsehen zu, wie Florence Stunde um Stunde schwamm. Ihre Mutter und ihr Trainer waren in den Booten und machten ihr Mut. Sie schwamm und schwamm.

Nach 15 Stunden verlor sie die Kraft. Ihre Mutter rief ihr zu, weiterzumachen, denn sie müsse in der Nähe der Küste sein. Sie schwamm. 15 Stunden, 30 Minuten. Sie sagte, sie wolle raus. Ihre Mutter trieb sie an. Noch 700 Meter. 15 Stunden, 45 Minuten. Weiter. 15 Stunden, 55 Minuten. Florence Chadwick gab auf. Die Helfer zogen sie aus dem eiskalten Wasser. Total erschöpft und niedergeschlagen saß Florence im Boot. Wenig später sagte sie einem Reporter: »Ich will keine Entschuldigungen vorbringen. Aber wenn ich das Land hätte sehen können – ich hätte es geschafft.«

»Wenn ich das Land hätte sehen können, ich hätte es geschafft.«

Mit der Mission wird ein Auftrag formuliert, um ein Problem zu lösen. Eine Vision beschreibt dann den Wunschzustand, der heute noch nicht da ist. Diese Spannung zwischen heute und der Vision ist der kreative Vorwärtsdrang, der der Gründung Energie verleiht. Diese Spannung ist wie ein Gummiband zwischen zwei Händen – der Realität auf der einen Seite und der idealen Zukunft auf der anderen. Wenn Vision und Realität gut erkannt werden, stresst das, führt aber zur nötigen Dynamik, um der Vision nachzujagen.

Während der nächsten Wochen ging Florence Chadwick täglich am Strand von Palos Verdes spazieren. Sie prägte sich den Strand ein.

Jeden Tag. Jede Form. Jede Besonderheit. Nur zwei Monate später startete sie einen neuen Versuch, die 34 Kilometer als erste Frau zu bezwingen. Wieder war das Wasser eiskalt. Wieder waren Haie im Wasser. Wieder war der Nebel dicht. Wieder schwamm sie Stunde um Stunde. Nach 13 Stunden und 48 Minuten erreichte sie die Küste von Kalifornien. Sie unterbot den 27 Jahre alten Rekord um mehr als zwei Stunden. Florence Chadwick hatte dieses Mal ihr Ziel vor Augen. Sie wusste, wohin sie unterwegs war.

Klarheit wächst aus Selbstkenntnis und einem klaren Auftrag. Matthias Vering dazu: »Einer unserer Erfolgsfaktoren war unsere Klarheit. Ich würde Gründer fragen: Kannst du ein Bild vor Augen malen? Man muss Leute motivieren und Energie freisetzen können. Die Sehnsucht wecken, nicht banal oder egoistisch. Es muss eine klare Antwort geben: Warum machen wir das hier?« Je klarer die Frage beantwortet wird, warum wir hier sind und was wir bewirken wollen, desto mehr Energie wird freigesetzt. Desto eher können die nächsten Schritte in einer Gründung gegangen werden. Aus dieser Klarheit ergibt sich der ganze Rest: Plan, Team, Wirkung und Wachstum.

Gemeindegründung ist kein Selbstzweck. Peter Drucker sagt dazu: »Organisationen sind dafür da, ihren Auftrag zu erledigen. Sie sind da, um in der Gesellschaft und in Einzelnen etwas zu bewirken. Sie existieren für diese Mission. Das darf man nie vergessen. Die erste Aufgabe der Leiter ist, allen die Mission zu vermitteln, sie ihnen vor Augen zu malen und vorzuleben. Wenn du die Mission aus den Augen verlierst, fängst du an zu straucheln. Das geht sehr, sehr schnell.«[28]

Kapitel 2

Klarheit II

»Die größte Tragik im Leben ist, kein Heiliger gewesen zu sein.« –
Paul Claudel

I – Investmentbanking in New York City

»Schreibt die Namen von Menschen auf, die euch als Leiter in den Sinn kommen«, sagt Chris Lowney in einem Forum zur Führungskultur. Nach einigen Minuten fragt er: »Und? Wen habt ihr aufgeschrieben?« Er wartet auf ein paar Antworten und bekommt die üblichen Antworten – Politiker, historische Persönlichkeiten, Wirtschaftsbosse, ein paar Autoren hier und da. »Hat jemand von euch seinen eigenen Namen aufgeschrieben?«, fragt Lowney in die Runde. Schweigen. Menschen schauen auf den Boden – was will er?*

»Wir sind eine demütige Kultur«, fährt er fort. »Und Demut ist eine wunderbare Eigenschaft. Aber ich meine, in diesem Fall ist Demut etwas fehl am Platz. Denn Demut ist hier mit dieser falschen Vorstellung verbunden, die Führung mit Position und Autorität gleichsetzt. Die ersten Personen, an die wir denken sollten, wenn wir über Leitung reden, das sind wir selbst.«

Chris Lowney ist ein interessanter Kerl. Mit Mitte 30 wurde er *Managing Director* der Großbank JPMorgan Chase in New York City. Das ist eine Art von Job, mit dem man durchaus zu den Besserverdienenden gehört und der die Verantwortung für Hunderte von Karrieren mit sich bringt. Während seiner 17 Jahre bei JP Morgan war er Manager von Filialen in Tokio, Singapur und London. Bevor er allerdings bei der Großbank anheuerte, hatte er eine Ausbildung am Jesuitenkolleg im US-Bundesstaat New York genossen, wo er »fünf Dollar die Woche bekam. Dort wurde einem beigebracht, dass Armut die starke Mauer des religiösen Lebens war. Als ich bei JPMorgan anfing, war

---

* Kristian Reschke (Hamburg) sagt: »Es ist superwichtig für uns zu schnallen, dass Jesus sagt: Ihr seid das Salz der Erde, ihr seid das Licht der Welt. Sein Auftrag an uns ist, Veränderung zu sein, Veränderung anzuleiten, Richtung zu geben in einer chaotischen Welt – gut, wenn wir dementsprechend von uns denken.«

mein erster Gehaltsscheck so groß, wie ich bei den Jesuiten in 100 Jahren bekommen hätte.«[29]

Am Freitagmittag gehorchte er noch den Gelübden von Armut, Enthaltsamkeit und Gehorsam, um sich am folgenden Montag in einem Umfeld wiederzufinden, das Leute aufsuchen, um »stinkreich« zu werden. »Wir haben die Schlausten der Schlauen bei JPM angestellt«, meint Lowney. »Aber wir merkten, dass Megatalent und riesiger Ehrgeiz alleine nicht reichen.« Die Herausforderungen in einer großen Firma sind fast überall gleich: Motivation von Mitarbeitern, eine gemeinsame Richtung einschlagen, kalkulierte Risiken eingehen, Veränderungen meistern, Rückschläge in Kauf nehmen. Was Lowney bei JPMorgan begegnete, waren die gleichen Themen wie in seinem Studium auf dem Jesuitenkolleg. Nur dass die Jesuiten schon 450 Jahre Erfahrung darin haben. Der Gründer der Jesuiten – Ignatius von Loyola – entwarf Ansätze und Praktiken, um »die Einmaligkeit der eigenen Berufung zu entdecken und in einen konkreten Lebensentwurf umzusetzen.«[30]

»Was der Führung häufig im Wege steht, ist die Great-Man-Theorie. Dass Führung nur denen gehört, die in der Position dazu sind«, meint Lowney. »Wer hat das erfunden, dass wir manche als Leiter bezeichnen und andere ›nur‹ als Lehrer, Eltern, Geschwister oder Kollegen? Ab wann geht es los? Muss man 100 Leute beeinflussen, bevor man ein Leiter ist? Oder sind 50 genug? Was ist mit 20, 10 oder auch nur einer Person? Und muss sich der Effekt sofort zeigen? Oder in einem Jahr? Oder sind nicht auch diejenigen Leiter, deren Einfluss sich erst in der nächsten Generation zeigt?«

> Talent und Ehrgeiz allein reichen nicht.

Aus seiner Zeit bei den Jesuiten lernte Lowney: »Die Grundlage von Führung ist Persönlichkeit: Man ist sich im Klaren darüber, was man schätzt und will, hat gewisse Prinzipien zum Umgang mit anderen Menschen und verliert die Welt nie aus dem Blick.[*] Daraus wächst Führungsverhalten ganz natürlich. Ohne das werden auch Listen und Techniken nicht sehr weit reichen.« Führung ist keine Theorie. Es ist

---

[*] Alex und Linda Grieguszies (Frankfurt) sagen: »Uns beeindrucken vor allem Leiter und Leiterinnen, bei denen Autorität und Charakter im Einklang stehen. Beide Fähigkeiten sind notwendig, um auf Dauer sowohl Einfluss auszuüben als auch Vertrauenswürdigkeit auszustrahlen.«

eine Haltung.* Und diese Haltung wird aus drei Lebensströmen genährt:

- Selbsterkenntnis der Stärken und Schwächen;
- Selbstverständnis der Werte;
- eine klare Weltsicht.

Stärken, Schwächen, Werte, Weltsicht – das mündet in einen Auftrag und eine Vision, wie aus guten Ideen neue Gemeinschaften werden können.

II – Einzigartig

Chris Lowney gefiel es am Jesuitenkolleg. Er unterrichtete Wirtschaft und konnte damit seiner Leidenschaft nachgehen. Klar, die Bezahlung war nicht die beste. Aber Geld allein war nicht sein Beweggrund, etwas anderes zu suchen. Mit der Zeit reifte in ihm die Überzeugung, dass er nach einer neuen Herausforderung suchen wollte. In seiner Entscheidungsfindung ging Chris Lowney zu seinen Vorgesetzten am Jesuitenkolleg, um mit ihnen über seine Motive und Möglichkeiten zu sprechen. »Sie haben mir überhaupt keinen Druck gemacht«, sagt er über den Prozess. »Obwohl ... der einzige Druck, wenn man das so nennen kann, war, eine gute Entscheidung zu treffen.« Und als die Entscheidung dann auf eine Großbank fiel, wurde das voll und ganz unterstützt. Warum?

Die geistlichen Übungen (genannt Exerzitien) sind ein Kernelement im Leben eines jeden Jesuiten. Zu Beginn seiner Lehrzeit durchläuft der Jungjesuit den Kurs von vier bis sechs Wochen Dauer. Ein regelmäßiger Teilnehmer in den Übungen beschreibt die Begleitung, die er dabei erfahren hat: »Mein geistlicher Begleiter wollte, dass wir in all unseren Aktivitäten, sofern möglich, frei und im Einklang mit

---

* Matthias Vering (Bad Schönborn) sagt: »Zum Führen gehört das Geführtwerden. Führung passiert da, wo jemand demjenigen oder denjenigen folgt, die führt. Benedict von Nursia sagt: ›Nur wer sich selbst führt, kann auch andere führen!‹ Ich muss also zunächst ›Führungskraft in eigener Sache‹ werden und mir selber folgen. Wer das für einfach hält, hat es noch nicht wirklich getan, denn er muss sich dazu auch seinen Versuchungen stellen und sich selbst begegnen können.«

uns sind ... Er sagte mir, dass es aus seiner Sicht keinen größeren Fehler gibt, als dass wir uns dem Bild eines anderen anpassen.«[31]

Eine ähnliche Haltung vertritt der Priester und Autor Henri Nouwen:

Keine zwei Leben sind gleich. Wir vergleichen unser Leben oft mit anderen, um uns dann besser oder schlechter zu finden. Aber solche Vergleiche helfen uns nicht. Wir müssen unser eigenes Leben leben, nicht das von jemand anderem. Wir müssen uns trauen zu sagen: »Das ist mein Leben. Das Leben, das mir gegeben ist. Und dieses Leben werde ich leben, so gut ich kann. Mein Leben ist einzigartig. Ich habe meine eigene Geschichte. Meine eigene Familie. Meinen eigenen Körper. Meine eigene Art zu denken, zu reden und zu handeln – ja, ich habe mein eigenes Leben. Niemand anders steht vor den gleichen Herausforderungen.«[32]

Das Evangelium von Johannes beginnt mit der Ansage: »Es war ein Mensch, von Gott gesandt, der hieß Johannes« (Johannes 1,6, LUT). Gott sendet Menschen. Er realisiert seine Aktivitäten auf der Erde durch Menschen, die von ihm gesandt werden. Sie sind von ihm gerufen und geformt. Und diese Einzigartigkeit trifft auf Gründer zu.

Viele denken beim Begriff »Gründung« an eine bestimmte Art von Menschen. Unternehmertypen. Alpha-Tiere. Apostolische Kerle. Leute, die ihren Arm ausstrecken und sagen: »Da geht's lang.« Personen, die keine Angst haben, eine Ansage zu machen. Menschen, die Widerspruch nicht kennen oder schlichtweg ignorieren. Wie es ein Interviewpartner formulierte: »Es braucht eine bestimmte Art von Menschen, um Gemeinde zu gründen. So einen apostolischen Typ, der Dinge bewegen kann.« Jemand anders meinte: »Das Wichtigste bei einer Gründung ist die Person des Gründers. Man braucht das Charisma, um andere anziehen zu können.«

In der Forschung über Führung wurde lange nach diesem »Führungs-Faktor« gesucht. Man untersuchte die Geburtsreihenfolge und die Erfahrungen in der Kindheit, um daran Führungseigenschaften ablesen zu können. Man analysierte den Bildungsgrad der Eltern und forschte nach gewissen Persönlichkeitsfaktoren. Jahrzehntelang konnte man nicht den einen Faktor identifizieren, der die Fähigkeit zur

Führung ausmachte. Es war die lange Suche nach der Great-Man-Theorie, bei der man letztlich ohne Fund zurückkehrte. »Manche haben's halt, andere eben nicht«, war eine naive Annahme von vielen – häufig im Nachhinein analysiert und als Bestätigung gesehen.

»Wir leiten alle«, kontert Chris Lowney. »Manche in offizieller Position, andere durch ihre Funktion. Letztlich geht es bei Führung darum, ein Ziel auszudeuten und andere zu beeinflussen, in eine Richtung zu gehen.« Und das geht nach seiner Ansicht in jeder Lebenslage – ob in der Familie, im Beruf, im Verein oder unter Freunden.

> Wir leiten alle!

Wenn gesagt wird, dass »andere eben nicht« führen können, hat man nur gehobene Positionen und besonders komplexe Aufgaben im Blick. Peter Drucker dazu:

> *Eine Kernfrage lautet: Was kann ich als Führungsperson für die Leute tun? Das führt zur Frage: Was kann ich gut? Wo liegen meine Stärken? Sehr wenige Menschen stellen sich diese Frage – worin bin ich gut? Wir werden so erzogen, dass wir auf unsere Schwächen schauen, nicht auf unsere Stärken. Schulen sind Korrekturanstalten. Wenn sich Lehrer mit Eltern treffen, dann sagen sie fast nie: Johannes sollte mehr schreiben; darin ist er so gut und begabt. Nein, man hört eher: Johannes muss mehr Mathe üben, denn darin ist er nicht so gut. Daher kennen die wenigsten von uns ihre Stärken. Die guten Lehrer und Leiter kennen ihre Stärken und nutzen sie.*[33]

III – Wie Europa verändert wurde

Seine Stärken erkennen – das ist ein wesentlicher Vorteil, wenn man führen will. Nicht jeder kann alles. Aber jeder kann etwas. Und wie erkennt man seine Stärken? »Die beste Methode«, sagt Peter Drucker, »besteht darin, bei jeder größeren Entscheidung das gewünschte Ziel aufzuschreiben. Dann schaut man nach neun Monaten zurück und sieht, ob es erreicht ist. In zwei bis drei Jahren kennt man seine Stärken sehr gut.«

> Wie erkennt man seine Stärken und Schwächen?

Genauso ist die Kenntnis der eigenen Schwächen elementar. Was man nicht kann, aber trotzdem versucht, kostet viel Energie und Nerven. Keiner kann alles. Wer jedoch seine Schwächen kennt, kann sich Unterstützung holen und Raum für andere schaffen. »Was die Erfolgreichen von den weniger Erfolgreichen unterscheidet, ist die Anerkennung ihrer Schwächen«, meint der Blogger Tim Jahn. »Bring deine Schwächen ans Tageslicht. Sieh sie als ein wertvolles Werkzeug anstatt als Müll, den man wegwerfen muss.«[34] Peter Drucker stellt die Verbindung zwischen Selbsterkenntnis und Wirkung her:

Es gibt eine enge Verbindung zwischen dieser Methode und der Kirchengeschichte. Historiker wundern sich über eines der größten Geheimnisse der Geschichte: wie man nämlich das 16. Jahrhundert erklären kann. 1560 wurde Europa von zwei Institutionen bestimmt, die 25 Jahre vorher noch gar nicht existiert hatten. Der Norden wurde durch die Calvin-Bewegung geprägt, der Süden durch den Jesuitenorden.

1534 sammelte Loyola den Kern seines Ordens und formulierte die Gelübde von Armut, Keuschheit und Mission in Palästina. 1536 kam Calvin nach Genf. 25 Jahre danach hatte sich Europa verändert. Kein Ereignis in der Weltgeschichte, nicht einmal der Aufstieg des Islam, kann sich mit dem Wachstum und der Effektivität dieser Organisationen vergleichen. Wie lässt sich das erklären? Beide waren 1560 große Organisationen geworden mit Tausenden von einfachen Leuten, viele arbeiteten alleine. Viele gerieten unter Druck und in Gefahr. Aber fast niemand schied aus. Die allermeisten blieben bei der Stange. Was war ihr Geheimnis?

Sowohl Calvin als auch Loyola lehrten eine ähnliche geistliche Disziplin: Man plant eine Aktion, schreibt sie auf und schaut, was passiert. Dieses Feedback – ob die Gewissensreinigung von Calvin oder die geistlichen Übungen der Jesuiten – ist ein direkter Weg, um herauszufinden, was du gut kannst. Und du findest deine Schwächen heraus, die dich davon abhalten, noch mehr Einfluss auszuüben.[35]

Dieses Erkennen der eigenen Stärken und Schwächen ist Grundlage für Führung und Mission, egal in welcher Funktion[*]. Auch John Wesley hatte einen ähnlichen Vorsatz (und ähnliche Wirkung). Er nahm sich vor, »jeden Tag die Erfolge und Fehler genau zu analysieren und zu verstehen«.[36] Dies kann und soll entwickelt werden. Leiter arbeiten mit ihren Stärken. Sie investieren in Potenzial, nicht in Probleme. Sie stärken das, was gut läuft, nicht das, was nicht läuft. Diese Erkenntnis und Stärkung ist ein dauerhafter Prozess, der genährt werden muss. Hier sieht Chris Lowney die Parallelen zwischen seiner Zeit im Jesuitenkolleg und in der Großbank. »Leiter wachsen dadurch, dass sie verstehen, wer sie sind und was sie wertschätzen, und wenn sie ihre blinden Flecken und Schwächen kennen, die ihnen zum Verhängnis werden können. So wird ein kontinuierlicher Lern- und Selbstreflexionsprozess in Gang gesetzt.«

Neben dem Hinweis, wichtige Entscheidungen aufzuschreiben, schlägt Lowney einen Ansatz für ganz normale Leute vor, um die Dynamik der Exerzitien zu nutzen: Nimm dir dreimal am Tag fünf Minuten Zeit. In diese Zeit baue diese drei Elemente ein:

- **Dank:** Danke Gott für die guten Dinge in deinem Leben. Lass die letzten Stunden Revue passieren und erkenne die Geschenke des Lebens und Gottes Wirken an.
- **Reflexion:** Denk einmal über die letzten Stunden nach. Was kannst du davon lernen, was ist dir klar geworden? Gefühle sind ein gutes Anzeichen für wichtige Begegnungen und Ereignisse. Das kann zur Umkehr und Buße führen und bewirken, dass du dich selbst und die Welt besser verstehst.
- **Fokus:** Greife einen Punkt heraus, den du in deinem Leben umsetzen oder ändern willst, und verpflichte dich diesem Ziel. Höre auf Gottes Stimme, was er dir für den nächsten Tagesabschnitt aufträgt.

---

[*] Til Gerber (Mannheim) sagt: »Selbsterkenntnis ist wohl überall ein Schlüssel, wo es um nachhaltige Entwicklung geht. In meinem Zivildienst in Uganda sollte ich Jugendleiter zu Aidsprävention und Freizeitgestaltung schulen. Die Nachfrage war allerdings viel größer für Leiterschaftsthemen. Statt dienende Multiplikatoren kannten die meisten nur eifersüchtige Diktatoren. Und wer kann in einer Kultur, wo man stark sein muss, schon über persönliche Schwächen sprechen? Während viele die Abkürzung aus schwierigen Verhältnissen suchten, war es toll zu sehen, wie einige Selbstkritik wagten und dadurch gereift sind.«

Durch diese Übung (genannt »Gewissenserforschung«) werden neue Informationen sofort sortiert, Ziele werden dauernd geprüft und man lernt aus seinen Fehlern. Vor allem der Punkt »Lernen« prägt diese selbstreflektierte Haltung. Wer jeden Tag mehrfach im kurzen Gespräch mit Gott ist und die Vorkommnisse des Lebens durchdenkt, hat große Chancen, viel über das Leben zu lernen.[*]

Vor jeder Aufgabe besteht ein gewisses Maß an Risiko und Unsicherheit. Man fragt sich: Wie kann ich den Risiken begegnen? Wie stehe ich die Herausforderung durch? Wer sich selbst gut kennt, kann sich besser für eine bestimmte Aufgabe mobilisieren, kann Schwächephasen durchstehen, weiß, wo er Hilfe braucht, und hält länger durch. Nicht die Aufgabe wird leichter, sondern die Fähigkeit, mit Schwierigkeiten umzugehen. Je schwieriger die Aufgabe, desto mehr hilft die Selbstkenntnis.[**]

Dieses beständige Lernen über sich selbst und die Welt ist eine wesentliche Grundlage für alle Leiter. Apropos Durchhalten …

IV – Achterbahn aushalten

Marc Andreessen ist das Wunderkind der ersten Internetgeneration. 1993 zog er mit gerade mal 22 Jahren nach Silicon Valley, um seinen ersten Job nach der Uni anzufangen. Er behielt ihn gerade einmal sechs Monate, da ihn ein Freund für ein neues Projekt anfragte. »Ich war der Einzige von den 22 Angefragten, die Ja sagten. Hauptsächlich, weil ich 22 Jahre alt war und keinen Grund hatte, nicht Ja zu sagen.« Sie arbeiteten damals an einer Software mit dem Namen Mosaic, die

---

[*] Kristian Reschke (Hamburg) sagt: »Es gibt 10 000 Stimmen, die jeden Tag auf uns einprasseln und uns Fokus geben (oder rauben) wollen. Verschiedene Arten von Meditation (Lectio Divina, Gewissenserforschung, geistliches Tagebuch …) der Worte und Werke Gottes in meinem Leben haben mich innerlich in den letzten fünf Jahren immer wieder auf Kurs gebracht und mir gesagt, wer ich wirklich bin. Das ist doch die Botschaft, die wir haben, den Menschen zu sagen, wer sie wirklich sind und was alles gehen kann – wissen wir das nicht mal über uns selber, wird unser Auftrag sehr, sehr schwierig.«

[**] Matthias Vering (Bad Schönborn) sagt: »Man kann die Selbsterkenntnis auch in der Gemeinde fördern. Regelmäßige Umfragen zu Kernthemen wie Gottesdienst und Hauskreis helfen der Gemeinde, sich selber in den Blick zu bekommen und nicht von den ›Dauernörglern‹ oder den ›Dauerändernern‹ bestimmt zu werden. Wir nutzen Fragebögen dazu: Wie kommst du vor mit deinem Anliegen in der Gemeinde? Wie beurteilst du die Qualität von Predigt, Gottesdienstleitung und Musik? Spannende Fragen und spannende Antworten …«

ein Browser für das Internet werden sollte. Sie änderten den Namen der Firma später in Netscape, gingen zwei Jahre später an die Börse und verkauften einige Zeit später ihre Firma für 4,2 Milliarden Dollar an AOL. Marc war 28.

Seitdem beschäftigt Marc sich mit Start-ups. An einigen war er selbst beteiligt. Bei anderen nutzte er sein Kapital, um deren Ideen zu finanzieren. Dazu gehören Facebook, Twitter und Digg – große Namen im Web-2.0-Umfeld. Auf seinem Blog schreibt Marc über die Anforderungen für Gründer:

Es gibt viele Gründe, kein neues Unternehmen zu gründen. Zuallererst muss man sehen, dass ein Start-up eine emotionale Achterbahn ist, mit nichts vergleichbar, was du je erlebt hast. Du wirst hin und her geworfen – heute glaubst du euphorisch daran, dass dir die ganze Welt gehört, morgen glaubst du, in ein paar Wochen kommt der Untergang und du bist total ruiniert. Und dann umgekehrt. Immer und immer wieder.* *Und ich rede davon, was den erfolgreichsten Gründern passiert.*[37]

In Interviews mit Gemeindegründern kam diese Dimension immer wieder zum Tragen. »Gründen kann ein sehr schwieriger Job sein«, meinte ein Gründer. »Die Einsamkeit ist manchmal fast unerträglich. Wenn dich Leute verlassen oder etwas nicht klappt – das geht schon an die Substanz.«** Deshalb scheint ein wesentlicher Faktor im Erfolg von Gründungen die Begleitung durch andere zu sein. Wenn eine andere Person da ist, die ermutigt und zuhört, dann hilft das entscheidend in solchen Zeiten.

Aber es gibt noch etwas in der Person des Gründers, das hier helfen kann. »Ich habe über die Jahre festgestellt, dass es zwei Arten von

---

* Kristian Reschke (Hamburg) sagt: »Kurz vor der Gründung in Hamburg sagte Jesus verheißungsvoll zu mir: Kristian, ich will mit dir zusammen Achterbahn fahren ... Mir war damals nicht ganz klar, dass er auf die Gründung anspielte – nach drei Jahren auf der Schiene bin ich mir dessen sicher. Ich hasse das! Jesus, lass mich mein Herz auf dein Herz legen, wenn der nächste Looping kommt.«

** Markus Lechner (Wonfurt) sagt: »Als kleine Gemeinde hatten wir regelmäßig öffentliche Gottesdienste in der Stadthalle. Das war für uns ein großer logistischer Aufwand. Doch die meiste Kraft kostete nicht das frühe Aufstehen, um auch noch die letzten Stühle zu stellen oder den Kaffee zu kochen. Es waren die oft fadenscheinigen Gründe, weshalb manche Gemeindeglieder nicht mitmachten. Dieses Gefühl, im Stich gelassen zu werden, raubte mir die meiste Energie.«

Menschen gibt«, meint der Leiter einer großen Gemeinde. »Manche Leute sind wie Eimer. Die müssen immer etwas bekommen, damit sie das Gefühl haben, etwas wert zu sein. Andere dagegen sind wie eine Quelle. Die sehen das Leben als ein Geschenk und haben so eine Grundeinstellung, sich zu verschenken.«

Es ist der Unterschied zwischen einer Mangel- und Überflusshaltung. Sie setzt einen Kreislauf in Gang, der immer stärker wird. Der Mangel-Kreislauf sieht das Glas halb leer und beginnt sich zu fürchten. Aus der Furcht wächst die Vorsicht und ein Schutzreflex. Man hält sich in schwierigen Situationen zurück und versucht, das wenige zu bewahren. Das führt dann zu Konflikten, wenn man auf andere Mangel-Personen trifft, was wiederum zu weiterem Mangel führt.

> Eimer und Quellen

Der Überfluss-Kreislauf beginnt mit dem Gefühl des Beschenktseins. Wer beschenkt ist, hat positive Gefühle und gibt diese weiter. Das führt dazu, dass man miteinander teilt und kooperieren kann. Dies wiederum lässt den Kreislauf weiterfließen. Vielleicht sind deshalb im Neuen Testament Eigenschaften wie Großzügigkeit und Geduld wichtige Qualifikationen für Leiter.

Wie kann man diese Grundhaltung entwickeln? Klaus Fiedler von der Universität Heidelberg vertritt die Meinung, dass unser Gehirn sehr gut mit Informationen umgehen kann. Als Psychologieprofessor erforscht er die Wirkung von Gedanken und Wahrnehmung auf unsere Entscheidungen. Seiner Auffassung nach können Menschen sehr gut Entscheidungen treffen und greifen dabei auf wahrgenommene Informationen zurück. Wer im Jahr zum Beispiel zehn Mal in den Nachrichten hört, dass ein Flugzeug abgestürzt ist, aber selbst nur ein Mal geflogen ist, der hat in seinem Kopf ein Verhältnis von 10 zu 1 abgespeichert. Daraus ergibt sich, dass ein Flugzeug zu 90 % unsicher ist. Kein Wunder, dass man da mit mulmigem Gefühl ein Flugzeug betritt. Angst ist in diesem Fall völlig normal.

Man kann dieses Verhältnis natürlich auch verändern – zum Beispiel, indem man die Unglücke nicht beachtet, von Freunden hört, die häufiger fliegen, oder öfter über die eigene positive Flugerfahrung nachdenkt. Damit verschiebt sich das Verhältnis im Kopf auf 5 Unglücke und 100 erfolgreiche Flüge. Jetzt liegt die Wahrscheinlichkeit des Unglücks bei 5 %. Natürlich fühlt man sich so besser. Entscheidend sind nicht die objektiven Fakten, sondern wie viele positive und negative Gedanken zu einem Thema gespeichert sind. Die Haltung zu einem Thema wird also durch die Realität *und* meine Wahrnehmung bestimmt. Aus positiven Gedanken folgt eine positivere Haltung.

Der amerikanische Pastor Todd Hunter beschreibt dazu eine Begebenheit:

Als ich in meinen frühen Zwanzigern ein Praktikum bei John Wimber machte, forderte er mich auf, etwas zu tun, das ich weder wollte noch begriff. Ich sollte einen Fünfjahresplan für meine Gemeindegründung schreiben. Ich wehrte mich und er sagte darauf: »Todd, schreib ihn einfach. Nimm ein Notizbuch und lass es griffbereit auf deinem Schreibtisch liegen. Es geht nicht darum, eine perfekte Zukunft aufzuschreiben oder alles genau so abzuarbeiten. Aber – vertrau mir damit – du wirst das oft an einem Montagmorgen gebrauchen. Schlechte Predigten, ausfallende Mitarbeiter, jemand hinterfragt deine Motive, andere Pastoren sind gegen dich und alles mögliche andere stellt sich gegen dich und versucht, dir die Hoffnung zu rauben. Du brauchst einen Ort, wo du wieder Hoffnung für deine Arbeit tanken kannst. Du findest das in dem, was Gott zu dir geredet hat. So lief das immer für Gottes Diener. Also halte das Notizbuch bereit – weniger als Referenz, mehr als eine Art Tagebuch der Stimme Gottes für dich.« Ein weiser Mann, dieser Wimber. Er hatte recht mit den Montagen. Die Stimme Gottes hören bringt Hoffnung – der Sauerstoff für Leiter.[38]

Was hat das mit Gründung zu tun? In allen Interviews haben wir die Gründer nach Krisen gefragt. Davon gab es viele. Von Ehekrisen über Finanzkrisen, von Visionskrisen über den Weggang von Kernmitarbeitern, bis hin zu Verleumdung und depressiven Gedanken. Gründung bedeutet Stress. Man muss emotional stabil sein und braucht eine halbwegs heile Persönlichkeit. Denn der Druck kann so hoch werden, dass die Gründer zugrunde gehen. Jemand meinte dazu: »Bei Gründern schaue ich nach Leuten mit Substanz. Menschen, die schon Krisen überwunden haben und ihre Abhängigkeit in Jesus haben. Leute, die mit ihren Lebensumständen zufrieden sein können. Wer Gründung nur als Trendthema ansieht, der kommt nicht weit. Es braucht ein inneres Feuer für die Person von Jesus und eine Herzenszuwendung für Menschen. Wenn Gründung über Menschen steht, dann werden Menschen instrumentalisiert und es wächst nichts.«

»Seid dankbar in allen Dingen«, fordert Paulus in seinen Briefen. Wer die Gewissenserforschung praktiziert – drei Mal am Tag Danken, Reflektieren und Fokussieren – etabliert für sich einen Rhythmus der Anerkennung und Dankbarkeit. Positive Dinge werden im Leben anerkannt und damit wandelt sich der Blick auf die Welt. Wie Jesus bei der Vermehrung von Brot und Fischen brauchen wir einen Blick für die vorhandenen Ressourcen, nicht nur die Probleme und Anforderungen. Wer dagegen die Weiterentwicklung des Pessimismus betreibt, belastet sich noch zusätzlich. Gründung kann hart sein – wir haben von Depressionen, zerbrochenen Ehen und Selbstmordversuchen gehört. Emotionale Turbulenzen sind so normal wie der Dampf beim Kochen. »Eine Haltung des Mangels erwächst aus Missachtung der kleinen, schönen Dinge im Leben«, meint Seneca. Wer mit einer Leeren-Eimer-Haltung in eine Gründung startet, kann emotional aufgezehrt werden.*

> Krisenmanagement für Gründer

V – Denkbrillen

Am Fuße eines Vulkans auf der entlegenen Insel Tanna im Südpazifik spielen junge Männer auf ihren Bambusflöten die amerikanische Nationalhymne »Star Spangled Banner«. Jeden Februar malen sich junge Männer auf den Inseln die Buchstaben USA auf die Brust, hissen die amerikanische Flagge und tragen Holzwaffen auf ihren Schultern. Sie marschieren durch die Straßen ihrer kleinen Insel und feiern den John-Frum-Tag, der auf das 19. Jahrhundert zurückgeht.

Damals kamen die ersten weisen Männer auf die Insel. Sie brachten wundersame Dinge mit. Hoch entwickelte Technologien, mit denen

---

* Murat Yulafci (Heidelberg) sagt: »Man kann das sehen, wenn Leute Geschichten erzählen. Manche erzählen, wie sie ihren Vater verloren haben, kommen aber am Ende doch bei was Positivem raus. Andere haben im Lotto eine Million gewonnen und irgendwie ist dann doch alles schwierig.«

die Inselbewohner nichts anzufangen wussten. Sie dachten, das müsse von den Göttern stammen. Im Zweiten Weltkrieg kam dann auch die amerikanische Armee auf die Insel. Zu dieser Zeit wurde von Flugzeugen Ladung abgeworfen – Fertigkleidung, Konservennahrung, Zelte, Waffen und andere Ware. Die Inselbewohner hatten so etwas noch nie gesehen.

Als die Armee am Ende des Krieges die Flughäfen verließ, kam keine neue Fracht (englisch »Cargo«) mehr auf die Insel. Die Inselbewohner wollten aber wieder Waren bekommen. Und so beschlossen sie, die Gewohnheiten der Heilsbringer zu imitieren. Sie schnitzten Kopfhörer aus Holz und trugen sie, als würden sie im Flughafentower sitzen. Sie positionierten sich auf den Landebahnen und imitierten die Landungssignale. Sie entzündeten Signalfeuer und -fackeln an den Landebahnen und Leuchttürmen. Ihrer Meinung nach verfügten die Ausländer über einen besonderen Kontakt zu den Ahnen, die solche Reichtümer ausschütteten. Sie bauten lebensgroße Flugzeugmodelle aus Stroh oder schufen Anlagen, die den militärischen Landebahnen nachempfunden waren, in der Hoffnung, neue Flugzeuge anzuziehen.[39]

> Holzkopfhörer und Strohflugzeuge

Die Feier am John-Frum-Tag wurde zu Ehren von John Frum abgehalten. John Frum ist Amerikaner, wie die Einheimischen glauben. Eines Tages werde er wiederkommen. Wahrscheinlich stammt der Name von einem GI-Soldaten, der sich als »John from America« (John aus Amerika) vorstellte. John from = John Frum. Westliche Besucher staunen über diese Religion, der 20 % der Inseleinwohner angehören. Einige versuchten, den Einheimischen beizubringen, dass Reichtum von harter Arbeit kommt. Aber die Einheimischen sahen in den Missionsstationen und Lagern, dass die härtesten Arbeiter nur einen sehr geringen Teil der Ware bekamen.[40]

Diese Erscheinungen werden »Cargo-Kult« genannt. Sie traten auch in anderen Teilen des Südpazifiks auf, ebenso wie in Afrika und Japan. Westliche Menschen schmunzeln über ihre Naivität. Doch die Cargo-Kulte zeigen die Kraft von Weltbildern: Sie sind eine Linse, um die Welt zu sehen. In diesem Koordinatensystem werden die Erfahrungen des Alltags eingetragen. Und das machen grundsätzlich alle Menschen.

Diese Denkbrillen sind uns nicht immer bewusst. Trotzdem üben sie ihre Wirkung aus – wie bei den Bewohnern auf Tanna. Weltbilder prägen unsere Emotionen, motivieren unsere Handlungen und steuern die Wahrnehmung. In einem Weltbild steckt eine Gruppe von grundlegenden Aussagen und Zielen.

Psychologen sprechen von den »Geschichten, die unser Leben formen« (Georg Lakoff) oder »mentalen Landkarten« (Peter Senge), um diese Brillen zu beschreiben.* Unser Leben wird zusammengehalten durch eine Geschichte, an die wir glauben. Als Leiter und Gründer ist es hilfreich, diese Geschichte zu reflektieren und zu kennen. Sie bestimmt die Haltung und den Umgang mit Ereignissen. In der Literatur zur Gründung wird häufig über »Dienstphilosophie« gesprochen. Man meint damit eine Beschreibung, wie man sich denn das Wirken in einer Gemeinde vorstellt. Wie die Zahnräder ineinandergreifen und welche Geschichte man glaubt. Das ist die Grundlage für die gemeinsame DNA und die »Übereinstimmung in Grundfragen«, die Matthias Vering erwähnt hat.

Noel Tichy meint dazu: »Ich habe von Howard Gardner gelernt, dass große Leiter durch drei Arten von Geschichten leiten. Die erste ist die *Wer bin ich*-Geschichte. Darin erklärt der Leiter seine Werte und Motivation. Die zweite ist die *Wer sind wir*-Geschichte. Das gibt der Gruppe Zusammenhalt und Identität. Die dritte Geschichte ist die *Wo gehen wir hin und wie geht's da hin*-Geschichte. Diese drei Geschichten zusammen mobilisieren Menschen. Wir beenden unsere Workshops mit einer 5-Minuten-Ansprache von jedem Teilnehmer, die diese drei Geschichten zusammenfasst.«[41]

In den Interviews wurde diese gemeinsame Weltsicht von fast allen Gründern und Leitern als zentrales Element beschrieben. Unter dem Namen DNA (genetische Information) oder Dienstphilosophie (wie man sich eine Gemeinde vorstellt) haben viele das als Priorität für

---

* Matthias Vering (Bad Schönborn) sagt: »Für mich selber ist in den letzten Jahren immer wichtiger geworden, zwischen Glauben (= Begegnung mit und Beziehung zu Christus) und christlicher Ideologie zu unterscheiden. Glaube wächst aus der Begegnung mit Christus, Ideologie ist eine ›fromme Weltanschauung‹, die zwar vom Glauben redet – aber nicht glaubt! Für Gemeindegründung und Gemeindebau ist es ganz wichtig, dass das verbindende Element der Auferstandene ist, nicht eine Meinung oder eine Weltsicht über ihn. Alle Ideologie wird vergehen – auch die christliche. Wenn Paulus schreibt: ›Wo der Geist Gottes ist, da ist Freiheit‹, dann meint er auch die Freiheit von Ideologien, Denkmustern, Rechthaberei und Besserwissen.«

gute Zusammenarbeit beschrieben. Darunter fallen Fragen wie zum Beispiel: Wie funktioniert Gemeinde? Wie geben wir Freiraum? Wie kommen Menschen zum Glauben? Wer darf mitarbeiten? Wie sehen Treffen idealerweise aus? Diesen Fragen gehen wir auf den nächsten Seiten nach. Die Klarheit über diese Grundfragen ist wichtiger als Sympathie im Team oder große Begabung. Das war eins der Geheimnisse aus Bad Schönborn – und von einigen anderen Gründungen, wie wir sehen werden.

> Die gemeinsame DNA

Mit diesen Voraussetzungen – einem Grund für die Reise (Mission), einem Ziel (Vision), einem Startpunkt (Selbstkenntnis) und dem Weg dazwischen (Weltsicht) – ist eine Gründung hervorragend aufgestellt. In unseren Interviews zeigte sich diese Klarheit im Kern als klarer Vorteil – wer das hat, startet mit Rückenwind auf die Reise.

Noch einmal zurück zu Chris Lowney: »Die Grundlage von Führung ist Persönlichkeit: Man ist sich im Klaren darüber, was man schätzt und will, hat gewisse Prinzipien zum Umgang mit anderen Menschen und verliert die Welt nie aus dem Blick. Daraus wächst Führungsverhalten ganz natürlich. Ohne das werden auch Listen und Techniken nicht sehr weit reichen.« Führung ist keine Theorie. Es ist eine Haltung. »Führung bedeutet, eine Richtung zu sehen und einen Weg dahin zu formulieren.« Bereit?

Kapitel 3

Team

Einer mag überwältigt werden, aber zwei können widerstehen, und eine dreifache Schnur reißt nicht leicht entzwei. – Prediger 4,12 (LUT)

I – Bern

Die Sonne bahnt sich ihren Weg in den Tag und leichter Nebel liegt über Bern. Zwischen den Gipfeln der Alpen strecken sich alte Dächer in die Kulisse und die Schornsteine lassen den Rauch gerade emporsteigen. Es ist eine Minute nach zehn und die engen Gassen und Kopfsteinpflasterstraßen der Schweizer Bundesstadt sind leer. Das Büro der Vineyard Bern ist in der Zeughausgasse in einem schmalen Gebäude, direkt neben einem HipHop-Laden und gegenüber einem kleinen Migros-Supermarkt. Das Gebäude hat fünf Stockwerke und einen Aufzug, in den genau eine Person und ein Sprudelkasten passen. Wobei es für den Sprudelkasten schon ganz schön eng wird.

Im dritten Stock soll in einem der drei Räume eine Besprechung mit dem Leitungsteam der Vineyard Bern stattfinden. Und tatsächlich: Eine der drei Türen steht offen, es ist Licht an und es dringt Gelächter in den Gang. Die acht Personen des Leitungsteams sind gerade beim Snacken und genießen nicht nur die Kalorien, sondern sichtlich auch die Gemeinschaft. Jemand bemerkt den Neuankömmling und bietet ihm einen Stuhl und einen Gipfeli (schweizerisch: *Hörnchen*; norddeutsch: *Croissant*) an. Die anderen Grüppchen sind weiter in ihre Geschichten vertieft. Man spürt die gute Stimmung im Raum.

Die Vineyard Bern ist in der gesamten Schweiz bekannt als eine »der größten Gemeinden« des Landes. Sie wurde 1983 gegründet, ist also gerade mal etwas über 25 Jahre alt. Es zählen sich ca. 1 200 Menschen zur Vineyard Bern, wobei die Gemeinde bisher nie ein eigenes Gebäude hatte. In den Anfangsjahren traf man sich im Wohnzimmer der Villa eines Paares. Dann konnte man eine alte Kirche mitnutzen. Dann gab es eine Phase, wo man nicht wusste, wo der Gottesdienst am nächsten Sonntag stattfinden würde. Einige Male war das dann draußen, weil es eben kein Gebäude gab – im Winter im Schnee auf einer Grasfläche mit über 100 Leuten. Die letzten Stationen waren die französische Kirche, das älteste Kirchgebäude in der Stadt, erbaut von den Dominikanern und jetzt in der Hand der reformierten Kirche. Dort musste man stundenlang die Musikanlage für die Band auf- und abbauen. Heute ist man in der EGW in der Nägligasse und hat mehrere Gottesdienste über den Sonntag verteilt, weil die Räume zu klein sind. Eine Gemeinde in Bewegung. Aber wie kam es dazu?

»Als junges Ehepaar verbrachten meine Frau Georgia und ich sechs Monate bei Freunden in Zentralindien«, erzählt Martin Bühlmann, der Gründer und Leiter der Vineyard Bern. »Eines Nachts schliefen mein Freund Satish und ich am Straßenrand auf einer Pritsche. Ich hatte das Gefühl, dass Jesus zu mir sprach und mir sagte, Georgia und ich sollten in die Schweiz zurückkehren und eine Gemeinde gründen. Diese werde Tausende von Mitarbeitern in die Arbeit für das Königreich Gottes aussenden. Wenig später kehrten wir mit 2000 Dollar und von den Gebeten vieler indischer Freunde begleitet in die Schweiz zurück.«[*] Zurück in der Schweiz fragte sich Martin, wie das Ganze wohl starten sollte. »Wir mussten Menschen finden, die Jesus noch nicht kannten oder noch in keiner Gemeinde ein Zuhause gefunden hatten«, dachte er sich. Martin beschreibt seine ersten Schritte:

Nach einiger Zeit lernte ich bei einer christlichen Veranstaltung drei Leute kennen, mit denen ich einen Hauskreis gründete. Klara war Lehrerin. Sie litt an Depressionen und war noch von spiritistischem Gedankengut belastet. Dann gab es da noch Petra und Rudolf Hostettler. Petra war Alkoholikerin, Rudolf Geschäftsmann und Jazzmusiker. Diese drei Personen baten mich, sie zu begleiten. Petra und Rudolf hatten erst vor Kurzem ihr Leben Jesus Christus anvertraut.

---

[*] Marius Bühlmann (Bern) sagt: »Als Gott zu Martin über Gemeindegründung sprach, hatte er überhaupt kein Konzept dafür. Da er keinen frommen Hintergrund hatte, gab es in seinem Verständnis die Kirchen seit Jahrhunderten. Eine Gemeinde gründen? Mit dieser Frage wandte sich Martin an den indischen Leiter, der ganz begeistert eine Kollekte in der kleinen indischen Gemeinde mit 100 Personen machte. Die ca. 100 Personen (mit indischen Löhnen!!!) legten 2 000 Dollar zusammen und gaben sie meinen Eltern, um in der Schweiz eine Gemeinde zu gründen. Meine Eltern sind sozusagen aus Indien ausgesandt worden, um in der Schweiz eine Gemeinde zu gründen. Dies ist nicht nur eine schöne Geschichte, sondern Teil der DNA der Vineyard Bern.«

Durch Rudolf kamen Bene und Thesi Müller zum Glauben. Bene ist heute mein bester Freund und Anbetungsleiter in der Vineyard Bern. Weiterhin stießen noch Victor und Claudia Bregger zu uns, ein junges Ehepaar, das eine neue Richtung für sein Leben suchte. Ursula Moser, eine junge Frau, zog mit uns nach Bern und lud ihre Schwester Cornelia, die heute mit ihrem Mann Markus im Leiterkreis der Vineyard Bern ist, in die neue Gemeinde ein«.[42]*

Am Beginn der Gründung stand für Martin ein Berufungserlebnis, das ihm die Sicherheit gab, das Projekt anzugehen. Dann dauerte es einige Zeit, bis sie Gleichgesinnte trafen, die mit ihnen zusammen den Weg gehen würden. Diese Menschen wurden zufällig zusammengeführt. Diese erste Gruppe war auch eher bedürftig – Depressionen, Alkoholismus. Aber wenn man nichts hat, ist auch ein kleiner Schritt ein Fortschritt. Sie konnten ihre Ideale ausleben und sich um Menschen kümmern**. Auch kamen in der ersten Zeit die ersten Personen tatsächlich zum Glauben – die Gruppe entwickelte Wirkung nach außen. Wie ging es weiter?

> Wirkung nach außen zeigen

Diese Kerngruppe setzte sich nun ein festes Ziel: Die Region Bern sollte mit dem Evangelium durchdrungen werden. Die Männer der Gruppe trafen sich fünfmal pro Woche zu einem Frühgebet von 6.00 bis 7.00 Uhr morgens. Voller Enthusiasmus gingen Bene und ich drei- bis viermal pro Woche nach Bern, um mit Menschen bei Burger King, Wendy's und McDonald's über Jesus zu sprechen. Doch niemand interessierte sich dafür; es war schrecklich. Trotzdem feierten wir mit viel Erwartung unsere Gottesdienste. Es musste doch einmal jemand kommen. Doch nichts geschah.

---

* Martin Bühlmann (Bern) sagt: »Cornelia Kosewähr ist in der Zwischenzeit verstorben. Ihr positives Wesen hat sich so stark auf das Leitungsteam der Vineyard Bern ausgewirkt. Wir brauchen in Leitungsteams ›elende Positivisten‹.«

** Marius Bühlmann (Bern) sagt: »Mein Vater war der vollen Überzeugung, dass es unmoralisch wäre, eine Gemeinde mit Christen zu gründen. Wenn sich Menschen der Gemeinde anschließen wollten, die bereits Nachfolger von Jesus waren, hat er sie zurückgeschickt! Man stelle sich das einmal vor!«

Es dauerte rund fünf Jahre, bis sich die kleine Gruppe zu einer Gemeinde mit rund 100 Personen entwickelt hatte. Wir blieben unseren Grundsätzen treu, nicht für uns zu leben, sondern gemeinsam unserer Stadt zu dienen. Gott führte uns Schritt für Schritt vorwärts. Nach einiger Zeit konnten wir durch die Bekanntschaft mit einem Pfarrer in einer evangelischen Kirche Gottesdienste feiern.

Die Kerngruppe, die später zu einer der größten Kirchen in der Schweiz werden sollte, war sich über ihren Auftrag im Klaren. Die Formulierungen sind bezeichnend: *»festes Ziel«*, *»voller Enthusiasmus«*, *»Frühgebet«*, *»trotzdem«*, *»es dauerte, bis«*. Das sind die Worte, die man von einer Gruppe erwartet, die einen klaren Auftrag hat. Sie wissen, warum sie da sind. *»Wir blieben unseren Grundsätzen treu!«*

Gleichzeitig zeigt sich in der Geschichte der werdenden Großgemeinde, dass selbst großartige Entwicklungen Zeit brauchen. Zurück zu den Gipfeli im schmalen Büro. 25 Jahre sind vergangen, die Gemeinde ist groß und es scheint ihnen gut zu gehen. Es ist leicht ersichtlich, wer Martin Bühlmann ist. Als er sich hinsetzt, geht es offensichtlich los. Die nächsten zehn Minuten sind das wirklich Erstaunliche an diesem Besuch.

Martin Bühlmann ist ein lebensfroher Schweizer Ende vierzig. Er ist meistens gut gelaunt und hat eine besondere Ausstrahlung. Seine Art erinnert etwas an Thomas Gottschalk – lockere Sprüche, eigener Stil und gute Worte für alle, egal, ob man Großes bewegt oder beim Versuch scheitert. »Es ist unglaublich, welche Empathie dieser Mann hat«, sagt einer seiner Freunde. »Er nimmt die Stimmung wahr und die meisten Leute haben das Gefühl, von ihm wahrgenommen zu werden. Das ist schon beeindruckend.« Die meisten Besprechungen beginnt er mit Geschichten oder Witzen, die auch gottschalkmäßige Reaktionen bekommen. Während der Besprechung taucht er auch hin und wieder hinter seinem Mac ab und schaut nach den neusten Sportergebnissen. Er ist fokussiert, aber nicht verbissen. Er erkennt die wichtigen Momente.

In der Vorstellungsrunde fängt Martin an: »Das ist Bene. Er ist mein bester Freund seit über 25 Jahren.« Er beschreibt gemeinsame Erlebnisse und beide freuen sich sichtlich. Dann der nächste Freund »seit 20 Jahren«. Sein Sohn und dessen Frau – sie sind auch Freunde. Dann ein Freund, »der sich mit 16 Jahren bei uns bekehrt hat« – und das ist sicher auch schon 20 Jahre her. Und dann noch ein Ehepaar. Freunde? Klar, sehr gute sogar. Seit über 15 Jahren. Seine Assistentin, zu der er ein »väterlich freundschaftliches Verhältnis« hat. Und schließlich seine Frau – »meine beste Freundin«.[*]

II – Weit gehen

Ein afrikanisches Sprichwort lautet: »Wenn du schnell gehen willst, geh alleine. Wenn du weit gehen willst, geh mit einem Freund.« Es gibt Dinge, die gehen schneller alleine. Man muss fokussiert sein, schnelle Entscheidungen treffen und braucht kaum Ratschläge von andern. Andere Dinge brauchen einen langen Atem. Gründung ist so ein anderes Ding.[**] Der deutsche Schriftsteller Hermann Hesse sagt: »Und jedem Anfang wohnt ein Zauber inne.« Fürwahr! Wenn eine Vision zum ersten Mal ausgesprochen wird, werden orkanartige Kräfte freigesetzt. Die Welt scheint nicht mehr sicher vor der Kraft dieses neuen Projekts. Aber dann kommen die langen Wochen und Monate, diese Vision umzusetzen. Da muss kommuniziert, administriert, organisiert, nachgelaufen und manchmal gebettelt werden. Da ist der Zauber dann ganz, ganz weit weg.

> Wenn du schnell gehen willst, geh alleine. Wenn du weit gehen willst, geh mit einem Freund.

Es ist erstaunlich, wie die Geschichte der Erfindungen von Teams geprägt ist. Hinter jedem Durchbruch steht ein Team von Personen, ob in der Technik, im Sport, in der Literatur oder Kunst. Nimm eine wichtige Erfindung und lies ein Sachbuch darüber. Oder ein Meister-

---

[*] Martin Bühlmann (Bern) sagt: »Tiefe Freundschaften, ja langjährige Weggemeinschaften sind eine Voraussetzung für eine nachhaltige und das Herz erfreuende Arbeit. Zu viele Menschen suchen den schnellen Erfolg und vergessen dabei, dass positive, tragende Beziehungen der Kern des Lebens sind.«

[**] Kristian Reschke (Hamburg) sagt: »Ein Sprichwort zu kennen heißt leider nicht, es auch verstanden zu haben – wie sehr man Freunde braucht, um weit zu kommen, merkt man leider erst, wenn man selber nicht mehr schnell gehen kann. Erst nach dieser Erleuchtung fange ich an zu sehen, wie sehr sich Jesus auf seine Freunde (Jünger) eingelassen und auf sie gewartet hat – Gott, lass mich lernen, dass nicht Geschwindigkeit, sondern Treue zählt!«

werk und lies über das Leben des Meisters. Es sind immer die Ergebnisse langer Suchen, bei denen man aus Fehlern gelernt hat, und einer Gruppe von Menschen, die ihre Spuren in diesem Werk hinterlassen. Bei der Erfindung des Autos kamen mit Gottfried Daimler auch ein gewisser Herr Benz, ein Herr Otto und ein Herr Maybach zusammen. Das sind nicht nur weltbekannte Namen, sondern auch hervorragende Techniker und Erfinder, die sich gegenseitig förderten und voneinander lernten.[*]

Ein Albert Einstein traf auf Max Planck und Niels Bohr. C. S. Lewis teilte seinen Weg mit J. R. R. Tolkien und Charles Williams. Franz Beckenbauer erschien zur gleichen Zeit auf der Weltbühne des Fußballs wie ein Gerd Müller. John Lennon gründete eine Band mit Paul McCartney. Goethe begegnete immer wieder Schiller, und van Gogh kannte Paul Gauguin. John Wesley hatte seinen Bruder Charles und startete mit George Whitefield. Sicher waren sie nicht alle ein Team. Aber die Freundschaften und Bekanntschaften (und sicher auch Rivalitäten) zwischen diesen Größen zeigt, wie wirkungsvoll gemeinsame Leidenschaften auf einem Weg sind. Zwei Kerzen brennen heller, wenn ihr Feuer zusammengelegt wird. Leidenschaft entzündet Leidenschaft.[**]

> Leidenschaft entzündet Leidenschaft.

Man könnte natürlich sagen, dass manche durch die Verbindung mit großen Namen erst bekannt wurden. Ein Genie zieht die anderen mit. Aber die Biografien sprechen eine andere Sprache. Im Leben von Thomas Edison gab es lange Zeiten ohne Erfolg. Bei der Erfindung der Glühbirne tappte er lange im Dunkeln. Er war angewiesen auf finanzielle Unterstützung, auf Mut und auf Austausch mit anderen Forschern. Martin Bühlmann meint dazu: »Gemeindegründung ist kein Lone-Ranger-Unterfangen. Man muss einen langfristigen Freundeskreis aufbauen. Wenn Dinge hart werden und man hat Freunde, dann

---
[*] Christoph Schneider (Calw) sagt: »Mose und Aaron, zwei unterschiedliche Typen, werden gemeinsam von Gott losgeschickt. Der eine kann leiten und der andere kann sprechen. So fügt Gott zwei Menschen zusammen, die unterschiedliche Fähigkeiten haben. Sie ergänzen sich und bewegen Großes. Sie führen das Volk Israel aus der Gefangenschaft der Ägypter.«

[**] Christoph Schneider (Calw) sagt: »In meiner Bescheidenheit will ich uns in die Reihe der großen Namen stellen. Ein Christoph traf auf einen Hans, zwei bescheidene Menschen, ein Pfaffe und ein Sozialarbeiter. Sie wurden ein Team und arbeiteten fröhlich und leidenschaftlich. Sie erlebten, dass sie gemeinsam stärker sind als alleine, und wenn sie nicht gestorben sind, dann leuchten sie noch heute.«

ist das Leben lebbarer als sonst. Ohne Freunde wird es furchtbar. Mein Umfeld besteht aus drei bis fünf Ehepaaren und Freundschaften, die mit mir gehen. Das habe ich bewusst gesucht und die haben mich aus Enttäuschungen rausgeholt.«

Matthias Vering stimmt dem zu. Eine seiner Fragen an einen Gründer wäre: »Ist das Team bunt genug und divers? Wer sagt dir die Wahrheit und checkt dich gegen Dummheit? Alle haben ein gewisses Maß an Unfug im Kopf und müssen durch Beziehungen davor bewahrt werden. Gründen im Team ist nicht nur eine Arbeitsgemeinschaft, sondern Arbeit und Beziehung gemischt. Geistliche Freundschaften sind wichtig.«[*] Und der englische Pastor Mike Breen ergänzt: »In den Büchern wird Gründung zu einfach beschrieben. Die Realität ist härter. Die Einsamkeit ist oft unglaublich. Es ist ein wahres Pionierumfeld. Damit kommen nicht alle klar.«[**]

Vielleicht ist es genau dieses Durchhalten, das erst in Teams möglich wird. Die Idee zu haben, elektrisches Licht zu erfinden, ist eine Sache; die Disziplin zu haben, Tausende von Versuchen durchzuführen und nicht aufzugeben, eine völlig andere. Die Idee, eine Gemeinde zu gründen, ist leicht. Die Disziplin, eine Gemeinde zu gründen und großzuziehen, ist nicht leicht. Man braucht Unterstützung, Mut, gegenseitige Inspiration und einen langen Atem, um gemeinsam in dieselbe Richtung zu gehen.[***] Wenn du weit gehen willst, geh mit einem Freund![****]

---

[*] Til Gerber (Mannheim) sagt: »Leider musste ich schon ein paar Mal erleben, wie angeblich so tolle Freundschaften von einem Tag auf den nächsten zu Ende waren. Wie konnte das passieren? Wurde hier eine ungeklärte Beziehung zu lange mit munterem Sprücheklopfen übertüncht? Von mir weiß ich jedenfalls, dass ich echte Freunde daran erkenne, dass sie bei mir nicht nur bewässern, sondern auch jäten. Wo es allzu harmonisch zu- und hergeht, werde ich oft misstrauisch.«

[**] Matthias Ammann (Kreuzlingen) sagt: »Hierbei helfen uns die kleinen 1:1-Beziehungsgruppen, gemeinsam vorwärtszugehen. Mehr dazu im Buch ›Klein und stark‹ von Neil Cole.«

[***] Martin Bühlmann (Bern) sagt: »Eigentlich bin ich ein fauler Mensch, der sich ungern unmotiviert diszipliniert. Die Disziplin kommt mit Zielen, die man nicht alleine, sondern in einer Gruppe von Menschen anvisiert. Der eine trägt da des andern Schlaffheit.«

[****] Matthias Ammann (Kreuzlingen) sagt: »Vielleicht kann daraus gefolgert werden, dass diese Freundschaften das kostbarste Kapital sind im Aufbau der Gemeinschaft und beim Auseinanderbrechen dieser Beziehungen auch die Gemeinde als solches zerfällt?«

III – Die Kraft des Kollektivs

»Der Grund für eine Zusammenarbeit«, so Peter Drucker, »liegt darin, dass einfache Menschen etwas Außergewöhnliches bewegen können. Die Leiter haben die Aufgabe, die Stärken so zusammenzubringen, dass die Schwächen der Menschen irrelevant werden.« Zusammen entsteht etwas, das mehr als die Summe ist. *Nobody's perfect, but a team is.*

Peter Drucker dazu weiter: »Um etwas zu erreichen, muss man alle vorhandenen Stärken nutzen. Die Stärken sind die wahren Chancen. Stärken einzusetzen ist der besondere Grund, warum es Organisationen gibt. Eine Organisation kann natürlich nicht die vielen Schwächen abschaffen, die wir alle zu Genüge haben. Aber sie kann sie irrelevant machen. Die Herausforderung ist, die Stärken von allen Einzelnen zu einer gemeinsamen Arbeit zu formen.« Früher, als Mitarbeiter nur da waren, um Befehle auszuführen, gab es keinen Nutzen für Teams. Gruppen waren nur da, um Anweisungen umzusetzen. Sie waren Ressourcen. Heute sind die Intelligenz und Motivation von zusammenarbeitenden Teams nötig, um die anfallenden Aufgaben zu erledigen. Da kam irgendwann die Frage auf: Was ist eigentlich nötig, damit Teams gut funktionieren?

Einer der Ersten, der sich dieser Frage zuwandte, war ein englischer Wirtschaftsforscher mit Namen Meredith Belbin. Er untersuchte zunächst industrielle Arbeit und bekam dann 1960 den Auftrag, die Mitarbeiter am Henley-on-Thames-College unter die Lupe zu nehmen. Dabei ging er nicht von einer fertigen Theorie aus. Und so beobachtete er mit seinen Mitarbeitern sieben Jahre lang die Zusammenarbeit in Teams an diesem College.

Ihm fiel auf, dass gute Teams unterschiedliche Charaktere brauchen. Schließlich formulierte er acht Haltungen[43], die ein gutes Team ausmachten. Damit sagte er, dass es nicht auf die einzelnen Begabungen ankam, sondern auf das Kollektiv, genau wie in einer Fußballmannschaft. Diese acht Rollen kann man unterscheiden nach Innen- und Außenausrichtung[44], nach Aktions- und Menschenorientierung oder nach Denk- und Reflexionsorientierung[45]. Ein Team braucht verschiedene Orientierungen, um zu funktionieren.* Oder wie der frühere Chef von Apple, John Sculley, einst sagte: »Einer der größten Fehler, den ein Mensch machen kann, ist, sein Team mit Leuten zu füllen, die eine Kopie seiner selbst sind.«**

Auch in der Bibel findet sich eine Ausrichtung an verschiedenen Rollen. In Epheser 4 ist die Rede von vier Funktionen, die dazu da sind, um »Christen für ihre Aufgabe fit zu machen, damit die Gemeinschaft stark wird« (V. 12, VB), sowie »Jesus immer besser zu verstehen, ... damit die Gemeinschaft der Christen voll und ganz durchstarten kann ... und die ganze Gemeinde Gestalt annimmt« (V. 13, VB). Also sind diese Rollen wesentlich für das Funktionieren und die Effektivität der Gemeinde. Welche Rollen werden genannt?

1. Apostel – Dinge starten und die Botschaft verbreiten
2. Propheten – Gottes Willen kennen und auf Gott hören
3. Evangelisten – Nichtchristen von Gott erzählen und rekrutieren
4. Pastoren und Lehrer – Leute ermutigen, trainieren und erklären

Auch hier haben wir die Ausrichtung nach außen und innen.*** Auch hier müssen alle zusammenspielen, damit das Ganze klappt. Hinter diesen alten Worten kann man sich natürlich leicht verstecken oder sie als bedeutungslos abtun. Vielleicht kann man das heute so übersetzen:

---

* Marius Bühlmann (Bern) sagt: »Eine der größten Stärken meines Vaters ist es, Menschen Raum zu schaffen, die ganz anders sind und ihn ergänzen. Ich glaube, dass dies der Hauptgrund für das Wachstum und die Ausstrahlung der Vineyard Bern ist. Es versteht sich von selbst, dass dies automatisch auch zu unterschiedlichen Meinungen und damit auch zu Konflikten führt.«

** Kristian Reschke (Hamburg) sagt: »Es ist für einen vielseitig begabten Gründer eine Riesenversuchung, am Anfang seinen eigenen Stil in allem multiplizieren zu wollen. Der Gedanke ist: Was mich bis zur Gründung gebracht hat, wird der Gründung auch weiterführenden Erfolg geben. Falsch. Die Energie, die zur Gründung geführt hat, wird zu einer weiteren Gründung führen, nicht zu einem ausgewogenen Wachstum (Paulus hat gepflanzt, Apollos hat begossen... 1. Korinther 3,6). Es ist deshalb megawichtig, seine eigenen Stärken und Schwächen zu kennen und zuzulassen.«

*** Christoph Schneider (Calw) sagt: »Die Frage ist doch, welche Rolle habe ich und wie kann ich sie zum Wohle der Gemeinschaft einsetzen? Ich denke, jeder hat jede Rolle in sich, allerdings in der Ausprägung sind sie unterschiedlich stark. Die Rolle des Apostels und des Hirten sind bei meinem Charakter stärker ausgeprägt. In mir merke ich oft einen Kampf zwischen diesen Rollen. Der Apostel will weitergehen, Neues sehen. Der Hirte will harmonische Beziehungen. Dies führt oft zu Schwierigkeiten in meinem Handeln, bewahrt mich aber auch oft vor zu hastigen Schritten.«

- *Gründer* – der Apostel ist der Innovator und Stratege mit Geschäftssinn, der neue Ideen entwickelt, Märkte erschließt oder eine Organisation ins Leben ruft.
- *Provokateur* – der Prophet testet die Grundannahmen, hinterfragt die Praxis und leitet damit in den Gruppen den Lernprozess und die Konzentration aufs Wesentliche ein.
- *Kommunikator* – der Evangelist verbreitet die gute Botschaft, betreibt Werbung für die Idee und will Menschen zu einem ersten Kontakt damit führen.
- *Gute Seele* – der Hirte kümmert sich um die Einzelnen und ihre Nöte, hat ein Auge für die Schwachen und schafft eine warme Atmosphäre voller Zuneigung.
- *Philosoph* – der Lehrer denkt über die Zusammenhänge nach, bringt diese in einen logischen Rahmen und formuliert die Annahmen für die Organisation verständlich.[*]

»Es ist tatsächlich so in der Gemeindegründung«, sagt Martin Bühlmann. »Wann immer ich eine Gruppe gesehen habe, die etwas angefangen hat, waren unterschiedliche Rollen da. Es gab einen Leiter, der die Vision hatte und der Gruppe Energie gab. Dann gab es jemand, der andere in Gottes Gegenwart führen konnte. Meistens konnte der ein Instrument spielen und die Anbetung leiten. Dann braucht es auf jeden Fall einen Schlepper – jemand, der Leute zur Gruppe bringt. Das sind manchmal ganz eigene Leute, die einfach Leute auf der Straße treffen und sie mitbringen«, meint Martin, der gerade wieder diese Erfahrung bei einer neuen Gründung in Berlin macht. »Schließlich braucht es einen Hirten, der sich um die Leute kümmert und sie integriert. Und dann ist es hilfreich, einen Administrator zu haben – jemand fürs Geld, die Logistik und praktische Hilfe.«[**]

---

[*] Christoph Schneider (Calw) sagt: »Gerade im fünffältigen Dienst, wie er in Epheser 4 beschrieben ist, denke ich, liegt die Kraft der christlichen Gemeinschaft. Wir versuchen uns anhand des fünffältigen Dienstes aufzustellen, mit dem Ziel, dass Jugendlichen optimal gedient werden kann und Gottes Freundlichkeit in unserem Sein und Handeln sichtbar ist. Ein Prophet drückt Sachverhalte anders aus als ein Lehrer. Dies kann zu Missverständnissen und Spannungen führen. Das gemeinsame Ringen um einen gemeinsamen Weg und eine gemeinsame Lösung ist das Gewinnbringende für das Team und die Gemeinschaft.«

[**] Martin Bühlmann (Bern) sagt: »Ich merke je länger je mehr, dass das Geheimnis vom Erfolg eines Teams in der ›radical balance‹ liegt. Ein Team braucht Spannung, eine Spannung, die von der Unterschiedlichkeit wohlmeinender, gegensätzlicher, sich ergänzender Menschen ausgelöst wird.«

Als Martin über diese Rollen nachdenkt, fällt ihm noch etwas Weiteres dazu ein. »Wir haben in den letzten Jahren feststellen müssen, dass eine Gründung nicht unabhängig ist von der Person des Gründers.« Was heißt das? Der Missiologe Alan Hirsch geht dieser Frage in seinem Buch »The Forgotten Ways« auf den Grund. »Warum wird in allen Auflistungen von Diensten immer der Apostel zuerst genannt?«, fragt er sich. »Warum ist er der wichtigste (1. Korinther 12,28ff; Epheser 4,11) und warum wird er von Paulus als die Grundlage genannt (Epheser 2,20), auf der die Gemeinde aufbaut? Sicher nicht, weil es im Neuen Testament strenge Hierachien gab. Sondern die Apostel bieten die Umgebung und den Rahmen, in dem sich die anderen entwickeln können.«[46]

> Unterschiedliche Rollen

Noch einmal zurück zur Beschreibung. Was ist ein Apostel? Ein Starter, der von Ideen und Neuerungen lebt. Er betont die Wichtigkeit von Ausbreitung, Gesandtsein und pragmatischem Vorgehen. Daher ist jemand mit Drive hilfreich bei Gründungen – er hält den Auftrag im Fokus und drängt zum Wachstum. In diesem Rahmen können die anderen Rollen ihren guten Platz finden. Michael Winkler dazu: »Die apostolische Kraft ist wichtig: das Bewusstsein, gesandt und bevollmächtigt zu sein. Die Persönlichkeit eines Pioniers ist von höchster Bedeutung. Es braucht mehr Fähigkeit zur Selbstmotivation und Selbstorganisation. Pioniereigenschaften haben wir da sehr nötig.«[*]

Der Starter initiiert neue Gemeinden. In diesen Gemeinschaften schafft der Prophet ein Umfeld, um auf Gott zu hören und seinem Ruf treu zu sein. Solche hörenden, treuen Gemeinschaften sind ein Umfeld, in das der Evangelist neue Menschen einlädt, die dann vom Hirten und Lehrer integriert und geformt werden können.

---

[*] Matthias Ammann (Kreuzlingen) sagt: »Vor zwei Jahren wurden Sabine und ich von Roger Keller angefragt, ob wir eine neue Glaubensherausforderung brauchen und mitkommen würden nach Kreuzlingen, um dort eine neue Gemeinde zu starten. Bei der Entscheidungsfindung war unsere freundschaftliche Beziehung, welche wir zu Kellers hatten, sowie die Tatsache, dass Kellers sich mehrere Jahre als treue ›Apostel‹ in Liestal bewährt haben, sicherlich auch mitentscheidend. Dabei sehen wir uns als Ergänzung (Hirten, Propheten) zu ihren Stärken (Apostel, Lehrer).«

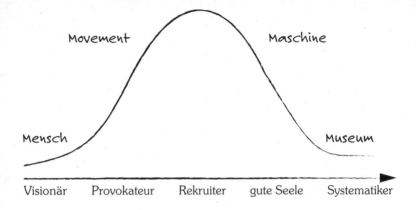

So wachsen Organisationen: Sie starten mit einer Idee und großer Energie; sie entwickeln sich durch Erlebnisse zu einer Bewegung, werden durch gute Kommunikation verbreitet, bis sie sich dann etablieren, festigen und irgendwann bürokratisieren. Nur neue Ideen und Energie führen wieder zu neuen Organisationen und weiterer Ausbreitung. »Institutionelle Formen des Christentums sind hohl, langweilig, irrelevant und haben wenig Relevanz für die Fragen der entkirchlichten Menschen«, meinte ein englischer Pastor.

Man braucht also bei einer Gründung viele Menschen. Ein Team. Unterschiedliche Begabungen. Und es braucht Starter. Menschen mit Ideen und Energie. Die Klarheit aus Kapitel 1 und 2. Wie kommt es aber dazu, dass aus unterschiedlichen Menschen ein Team wird? Wie werden die vielen ICHs zu einem Wir?

IV – Wie entsteht das Wir?

»Eine große Frage in der Gemeindegründung ist: Wem kann ich vertrauen?«, sagt Martin Bühlmann. »Vertrauen weshalb? Gemeindegründung ist kein Projekt. Es ist ein Lebensstil. Es ist anfänglich eine kleine Gemeinschaft von Menschen, die sich aneinander verschenken.« Zurück an den Anfang und die Szene im Berner Workshop-Raum. Da saßen Menschen, die über 20 Jahre miteinander unterwegs waren und sich als die besten Freunde sahen. Wie war da der Weg?

»Ein Satz hat sich mir eingeprägt«, meint Martin. »Vertraue nie einem Menschen, der keinen Zerbruch in seinem Leben erfahren hat. Vertrauen basiert nicht auf dem Erfolg und der Begabung von Menschen, sondern darauf, welche Konflikte in einem Leben gelöst worden sind, wie sie gelöst wurden und wie ein Mensch sich dem Zerbruch in seinem Leben stellt. Wir sind nie eine Gemeinschaft fehlerfreier, sündloser, nur erfolgsverwöhnter Menschen. Als Christen sind wir eine Gemeinschaft von Menschen, die in ihrer Zerbrochenheit Jesus begegnet sind, der sie gemeinschaftsfähig macht.«

> Wir sind nie eine Gemeinschaft fehlerfreier, sündloser Menschen.

Moderne Theorien über Teamarbeit gehen von einer ähnlichen Annahme aus. Patrick Lencioni ist ein bekannter Autor und Berater. In seinem Buch *The Five Dysfunctions of a Team* spricht er vom Vertrauen als der Grundlage für ein Team. Wenn man in einem Team kein Vertrauen zueinander hat, hält jeder sich bedeckt. Man geht keine Risiken ein und will sich beweisen. »Vertrauen in einem Team hat damit zu tun, dass Menschen bereit sind, im Umgang miteinander verletzbar zu sein. Verletzbarkeit hat damit zu tun, offen und ehrlich in Bezug auf sich selbst zu sein – Schwächen, Fehler und Begrenzungen eingeschlossen.«

Lencioni schlägt daher in seinen Beratungen zwei Dinge vor: Erstens muss der Leiter offen sein. Er stimmt den Grundton für die Atmosphäre an. Und wenn der Leiter ehrlich über sich selbst spricht, werden die anderen auch mitmachen. Außerdem können Treffen im Team bewusst mit persönlichen Themen ergänzt werden, wie zum Beispiel schlechten Kindheitserfahrungen oder persönlichen Herausforderungen. Diese einfachen Aktivitäten sind ein leichter Startpunkt hin zu mehr Offenheit und Vertrauen.

Martin Bühlmann fährt fort in seinen Gedanken zum Thema Vertrauen: »Zweitens, ich vertraue keinem Menschen, mit dem ich nicht einen Konflikt ausgestanden habe. Eine Brücke ist nur so stark wie der größte Lastwagen, den sie trägt. Du kannst keinen 40-Tonner über eine 5-Tonnen-Brücke fahren. Ausgetragene Konflikte stärken die

Brücke für größere Lasten. Eine Gemeinde zu gründen heißt, gemeinsam Lasten zu tragen.« *** ***

Hier kommt das wohl erste und bekannteste Modell der Teamentwicklung zum Tragen. Der amerikanische Psychologe Bruce Tuckman fragte sich in den 1960er-Jahren: Wie entstehen Teams? Durch seine Beobachtung kam er zum Schluss, dass Teams Phasen durchlaufen. 1965 veröffentlichte er seine Erkenntnisse über die Entwicklung von Teams in vier Stadien:

- **Forming** – Wenn das Team entsteht, orientieren sich die Mitglieder und suchen ihre Rolle. Alle sind höflich, tasten sich ab und wollen das Vorgehen verstehen. Man lernt sich kennen, vertraut sich aber noch nicht wirklich und hält sich zurück. Die Aufgaben und der Leiter geben Orientierung.
- **Storming** – Meinungen und Gefühle werden angesprochen. Mitglieder stellen sich selbst dar und geraten in Konflikte. In dieser Phase entscheidet sich, ob das Team zerfällt oder sich ein Grundkonsens bildet und die Aufgabenrollen eingenommen werden.
- **Norming** – Das Team fängt an zu kooperieren, langsam entsteht ein Wir-Gefühl. Gedanken und Ideen werden offen angesprochen. Dadurch entsteht ein Konsens über eine wachsende gemeinsame Sicht, und man vertraut einander.
- **Performing** – Nun kann die gesamte Energie im Team in die Aufgaben fließen. Das Team wächst, die Arbeit führt zu Ergebnissen.

Scott Peck ergänzt das um das innere Wachstum einer Gemeinschaft. Er nennt den Anfang *Pseudogemeinschaft* – die Mitglieder geben vor, eine Gemeinschaft zu sein, überdecken aber die Unterschiede. Daraus

---

* Kristian Reschke (Hamburg) sagt: »Zwei Jahre nach unserer Gründung in Hamburg war ich unsicher, wie es zwischen mir und meinem Co-Gründer Daniel weitergehen könnte – unsere Wahrnehmung der Realität war so oft konträr gewesen, dass unsere Freundschaft in eine echte Krise gekommen war. Ich sagte: Jetzt schreiben wir mal an die Wand, was wir wirklich über unseren Auftrag denken! Ich: Der Auftrag muss erfüllt werden! Er: Der Auftrag muss erfüllend sein. Ich schaute ihn erstaunt an, er lächelte – unsere Freundschaft begann an diesem Tag neu.«

** Christoph Schneider (Calw) sagt: »Gefällt mir!«

*** Matthias Ammann (Kreuzlingen) sagt: »Um mit ganzer Kraft unserer Berufung und unserem gemeinsamen Auftrag nachzujagen und Menschen zu erreichen, brauchen wir bereinigte Beziehungen (Bewusstsein der Stärken, aber auch Schwächen des/der anderen Mitstreiter) und einen vergebungsbereiten Lebensstil. Auch zwischen den verschiedenen Gemeinden vor Ort.«

entsteht nie wirkliche Gemeinschaft. Er nennt die Phasen dazwischen *Chaos* und *Leere*, aus denen wahre Gemeinschaft wachsen kann[47]. Genau das meinte Martin Bühlmann: Konflikte ausleben und Zerbrochenheit nicht verstecken. Paulus selbst nahm dies zum Anlass zu sagen: »Da ich weiß, dass es für Christus geschieht, bin ich mit meinen Schwächen, Entbehrungen, Schwierigkeiten, Verfolgungen und Beschimpfungen versöhnt« (2. Korinther 12,10; NLB).

> Konflikte ausleben und Zerbrochenheit nicht verstecken

Was heißt das jetzt für eine Gründung? Dass ein Team Zeit braucht, um zusammenzuwachsen. Veränderung ist programmiert, genauso wie Konflikte. Die folgenden Aufgaben und Beschreibungen können in dieser Entwicklung Hilfestellung geben:[48]

Phase	Teamempfinden	Rolle des Leiters	Fokus
Forming	Neuheit, Abtasten	Mentoring, Visionär	Identifikation und Engagement
Storming	Novizen, Einzelkämpfer, Konfrontation, Kennenlernen	Anweiser, Schlichter, Visionär	Platz finden und Einzelaufgaben meistern
Norming	Rollendefinition, Zusammenarbeit klären, Ziele und Standards festlegen	Coach	Gemeinsames Verständnis und Normen
Performing	Anpassbar, funktional, gemeinsame Führung und Sicht der Dinge	Vermittler	Umsetzung, Entscheidungen, Fortschritt

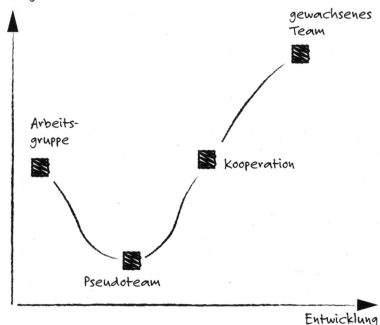

Zum Schluss ergänzt Martin Bühlmann noch: »Drittens, ich vertraue Menschen, die eine langfristige Perspektive haben, mit mir unterwegs zu sein. Menschen mit einer kurzfristigen Perspektive stehen in der Gefahr, die Beziehung nur zu ihrem eigenen Vorteil zu nutzen.[*] Sie sind nicht bereit, sich auf das Wagnis einer längeren Beziehung einzulassen. Langfristige Beziehungen haben ein ungeheuerliches Maß, die Kreativität zu entwickeln und zu neuen Ufern aufzubrechen. Weshalb? Weil man sich kennt. Weil man sich gegenseitig verpflichtet ist. Weil nicht die Sache[**] im Mittelpunkt steht, sondern das Verständnis

---

[*] Kristian Reschke (Hamburg) sagt: »Als ich 2007 vor unserer Gründung um Gottes powervolles Wirken in Hamburg betete, sagte er mir: Kristian, es braucht mehr als ein kurzes Aufbäumen von Kraft, um die Stadt zu gewinnen. In dem Moment wusste ich: Diese Geschichte wird ein Marathon. Ich habe das immer wieder anderen kommuniziert, um sie zu ermutigen, gute, nachhaltige Entscheidungen zu fällen, doch vielen macht es Angst, länger als drei Monate im Voraus zu planen – so was ist ein echter Killer in Sachen Teambildung.«

[**] Matthias Ammann (Kreuzlingen) sagt: »... oder Einzelpersonen mit ihren Defiziten. Manchmal scheitern Teams auch darin, sich in ewigen nebensächlichen Differenzen zu verlieren, statt dem gemeinsamen Auftrag (finden – fördern – freisetzen) nachzugehen.«

des gemeinsamen Weges.«[*] Das erinnert an den alten Gründerspruch: Wenn ihr ein Spiel gewinnen wollt, müsst ihr elf Freunde sein. Oder kam das aus einem anderen Umfeld …?!

V Echte Teams

Nicht so schnell, sagen da die Teamexperten Jon Katzenbach und Douglas Smith. Die beiden haben Teams untersucht und darüber auch an der *Harvard Business School* gelehrt. Vielleicht, so ihre Überlegung, gibt es noch andere Faktoren, die für Teams wichtig sind. Einige Teams scheinen trotz aller Übungen mit Vertrauen nicht weit zu kommen. Und andere haben keine besondere Grundlage, funktionieren aber trotzdem. »Der Hunger nach Leistung ist viel wichtiger für den Erfolg eines Teams als Team-building-Übungen, besondere Belohnungen oder ein Teamleiter mit einem idealen Profil«, sagen sie in ihrem Buch *The Wisdom of Teams*. »Meistens formieren sich Teams sogar ohne Hilfe oder Unterstützung um die betreffenden Aufgaben. Und genauso scheitern Teams ohne solche Herausforderungen auch daran, wirklich Teams zu werden.«

Gruppen sind nicht gleich Teams, sagen sie damit. Es kann sich einfach um eine Reihe von Einzelkämpfern handeln – um Pseudoteams also. »Uns fiel auf, dass in den meisten wirklich guten Teams der Leiter nicht so wichtig ist und häufig schwierig zu finden ist. Alle Mitglieder wechseln sich mit der Leitung des Teams ab. Die Leiter des Teams zeigen sich durch ihre Einstellung, etwas erreichen zu wollen, und selten steckt man sich zum Ziel, ein besseres Team zu werden.«

> Sechs Grundlagen für ein Team

Was hält dann das Team zusammen? Ein klarer Blick auf den Auftrag und das, was man erreichen will. Nach Katzenberg gibt es sechs Grundlagen für gute Teams:

---

[*] Til Gerber (Mannheim) sagt: »Damit ich mit einem Team länger unterwegs sein konnte, brauchte es in regelmäßigen Abständen ›Ermutigungsrunden‹ – mündlich oder schriftlich. Jedes Teammitglied erhielt vom Rest Feedback darüber, was an ihm geschätzt wird. Im Idealfall vorbeugend, aber auch notfallmäßig, kann so einem wachsenden Klima von Misstrauen und Unzufriedenheit Einhalt geboten werden.«

- Es darf nicht zu groß sein.[49]
- Man braucht Menschen mit den richtigen Fähigkeiten.
- Das Team braucht einen klaren Auftrag.
- Man muss sich spezifische Ziele[50] setzen.
- Man braucht einen gemeinsamen Arbeitsansatz.
- Man lebt von der gegenseitigen Verpflichtung.[51]

Gemeinsam. Gegenseitig. Klar. Das hört sich nach einem Zustand an, der durch die Norming-Phase ging. Konflikte werden ausgelebt und gemeinsame Standards entwickelt. Man entwickelt eine gemeinsame Sicht der Dinge, ein inneres Verständnis des Auftrags und des Vorgehens. Man ist sich über die Beiträge der Einzelnen im Klaren. So wie für den Einzelnen Selbsterkenntnis hilfreich ist, braucht auch das Team eine Art Teamselbsterkenntnis[52]. Die vielen ICHs werden zu einem WIR.

In der Gemeindegründung ist das grundlegend, denn es geht nicht nur um nettes Beisammensein und die Schönheit der Gefühle. Es geht um die Mission, den Auftrag. Es geht um die Veränderung, die passieren soll. Es geht um die Wirkung, die ein kleines Team verursachen kann. Oder wie Patrick Lencioni sagt: »Wenn du es schaffst, dass alle in einem Team in die gleiche Richtung rudern, dann kannst du jeden Konkurrenten, in jedem Markt, in jedem Umfeld jederzeit schlagen.« Vielleicht etwas viele »jede« in diesem Satz – aber die Wirkung hört sich gut an.

Dennoch: »Hervorragende Teams sind sehr selten«, meinen Katzenbach und Smith. »Das liegt zumeist daran, dass es eine tiefe persönliche Verbundenheit zu den unterschiedlichen Leuten im Team braucht. Das haben die meisten Teams trotz allem Fokus nicht.« Ist das ein Eingeständnis? Nötig sind also Verbindlichkeit rund um den Auftrag wie auch die Zuneigung untereinander. Ein effektives Team lebt von Freundschaften, aber auch davon, dass man Aufgaben effektiv angeht.[53]

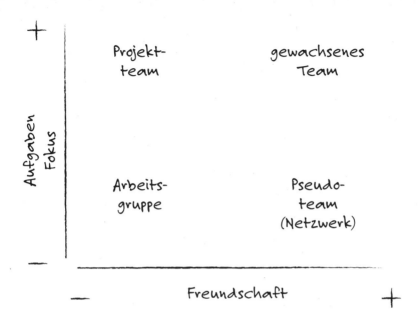

VI – The medium is the message

Martin Bühlmann ist mit seinen Freunden über 25 Jahre unterwegs. Wenn man sie so im Workshop-Raum sitzen sieht, merkt man die Zuneigung. Die Gemeinde ist von den anfänglichen vier bis fünf Personen auf heute über 1200 Zugehörige gewachsen. Die Phasen mussten durchlebt werden. Es gab Konflikte. Es gab manche neue Ausrichtung. Es gab Erfolge. Und es brauchte Zeit.

Das genau war auch die Methode von Jesus. Als er seinen öffentlichen Dienst anfing, rief er zunächst zwölf junge Männer zu sich, ihm nachzufolgen. Gleichzeitig musste er sich auch verpflichten, mit ihnen zu leben. Er berief sie nicht in ein Projekt oder in eine Organisation, sondern zu sich. Und er war da für sie – mit Konflikten, mit Diskussionen über die Ausrichtung und mit ersten Erfolgen. Und das brauchte Zeit.

Als er über drei Jahre mit ihnen unterwegs war, konnte niemand genau sagen, wie erfolgreich er war. War das eine gute Gruppe? Konnte er sich darauf verlassen? Jesus war anscheinend der Meinung und richtete bei seinem Abschied folgende Worte an sie: »Eure Liebe zueinander wird der Welt zeigen, dass ihr meine Jünger seid« (Johannes 13,35; NLB).[*] Die Zuneigung zueinander war das Herzstück des weiteren Auftrags. Kleine Gruppen, die sich kennen und vertrauen. Teams mit einem Auftrag. Nichts schlägt eine Gruppe von Freunden, die gemeinsam die Welt bereichern wollen.

Und Beziehung ist das Herzstück der christlichen Botschaft.[**] Beziehung mit Gott. Beziehung mit anderen. Und daher ist es so wesentlich, dass sich ein Team findet, das in authentischen Beziehungen miteinander lebt. Das sich ergänzt, stärkt und trägt. Die Form ist die Botschaft.[***]

Wenn eine Vision auf ein Team von Freunden trifft, kann viel passieren. Aber wir sind noch immer in der Vorbereitung. So langsam wird es Zeit für Aktion ...

---

[*] Kristian Reschke (Hamburg) sagt: »Es ist eine totale Demütigung, alle paar Monate wieder diesen Vers ins Team zu bringen und ihn als Messschnur anzulegen. Wenn du wie ich gepolt bist, fällst du immer wieder auf der Aktionsseite vom Pferd – schlimm wird es für mich, wenn ich so im Rausch bin, dass ich die leisen Stimmen meiner Mitstreiter nicht mehr höre; in dem Modus habe ich schon einiges Porzellan zerlegt.«

[**] Christoph Schneider (Calw) sagt: »Authentische Beziehungen sind grundlegend für gute Teams. Authentische Beziehungen beinhalten Liebe, Vertrauen, Vergebung, Ehrlichkeit, Ermutigung und Kritik. Ein Team, in dem authentische Beziehung gelebt wird, wird zur Hoffnung für die Menschen in der Welt. Als ich neu war in der Jugendkirche Choy in Althengstett, fragte ich die Menschen, was sie charakteristisch für die Jugendkirche fanden – ›sehr gute Gemeinschaft‹, sagten die meisten ... Gute Gemeinschaft ist die Grundlage für authentische Beziehung.«

[***] Til Gerber (Mannheim) sagt: »Wenn ich intakte Beziehungen, z. B. in anderen Familien, erleben durfte, hat das meistens in mein Leben gesprochen und hineingewirkt. Entscheidend war dabei, dass ich nicht nur einer Clique zuschauen und sie beneiden konnte, wie gut sie es untereinander hatten. Vielmehr wurde auch mir der Ball zugespielt, die Möglichkeit, meine eigene Beziehungsfähigkeit zu trainieren. Ich wünsche jedem Gründungsteam diese jesusmäßige Resistenz gegen den exklusiven Kuschelclub.«

Kapitel 4

Plan

»Die Zukunft ergibt sich nicht alleine daraus, dass man sie sich stark genug wünscht.« – *Unbekannt*

I – Karlsruhe

Eine Halle im Industriegebiet von Karlsruhe. In diesem Hof ist eine Firma für Fenster, Rollläden und Sonnenschutz. Ein Backsteingebäude, einige Lastwagen auf den Parkplätzen und daneben eine Reihe von Hallen. Eine davon ist die »B12-Location« in der Bannwaldallee 12. Das ist die Heimat der ICF Karlsruhe – »einer modernen Freikirche für die heutige Generation. Eine Kirche am Puls der Zeit, jung, frisch und begeistert von Gott«, wie es in ihrer Vorstellung heißt. Sonntagmorgens um 10.30 Uhr kommen hier 350 junge Menschen zur GenX-Celebration, die »multimedial und professionell gestaltet ist« und Kirche neu erleben lassen will. Am Abend sind es dann noch einmal 200 Personen.

Am Eingang begrüßen zwei sympathische Menschen jeden Besucher persönlich. In der Halle kommt man zunächst rechts an einem kleinen Buchladen (Mediastore) vorbei. Ein paar Meter weiter ist eine aufwendige Bar mit unterschiedlichen Getränken, ein paar Sofas und dem Slogan »good coffee, good food«. Da es hier schon recht voll ist, drängt man sich in die Celebration Hall, wo bald der Gottesdienst beginnt. Der Raum ist dunkel gestaltet, schwarz gestrichen, an den Wänden ein paar Backsteine und an der Decke Ventilatoren. Die Besucher sitzen auf Kinostühlen aus dem Bestand einiger Karlsruher Kinos. Die Bühne wirkt wie in einer Konzert-Location – E-Gitarren, Bass, Schlagzeug, Keyboard, Barhocker und große Lichtanlage.

Die Show kann beginnen. Der Raum wird abgedunkelt. Es steigt Nebel von der Bühne auf. Auf der Leinwand in der Mitte läuft ein Countdown von 30 rückwärts – Erwartung liegt in der Luft. Bei 0

> Ein Backsteingebäude, einige Lastwagen auf den Parkplätzen und daneben eine Reihe von Hallen ...

springt die Lichtanlage an und eine Sängerin tritt in das Nebelfarbenmeer und rockt los. Sie ist Mitte 30, hat perfekt manikürte Fingernägel, trägt Jeans und singt gut. Die Anwesenden stehen auf, manche strecken die Hände in die Luft. Die Musik ist laut und professionell, genauso wie die Lichtshow und die Präsentation auf dem Bildschirm. Das junge Publikum ist offensichtlich dabei. Nach ca. 30 Minuten kommt ein kleines, gut inszeniertes Theaterstück und dann eine Kollekte. Dann kommt Steffen Beck, der Pastor der ICF. Er ist nicht sonderlich groß, aber er hat eine große Vision. Auch er trägt Jeans, ein schwarzes Hemd und lacht anscheinend gerne. Das bringt seine Ausstrahlung zum Leuchten und macht den jetzt wieder abgedunkelten Raum warm und angenehm.

Wo kommen diese 350 jungen Leute her? Und die anderen 200 im Abendgottesdienst? Vor 10 Jahren war Steffen Beck noch musikalischer Mitarbeiter im CVJM und seine Frau Sibylle arbeitete als Lehrerin. Damals hatten sie schon viele Ideen und waren gern unter Leuten. Dann besuchten sie 1999 in Karlsruhe einen Willow-Creek-Kongress. »Das war ein Berufungserlebnis für uns«, sagt der heute Anfang 40-Jährige. »Als Bill Hybels da von seinem Freund Dave sprach, dem er über sieben Jahre lang immer von Jesus erzählte, bis dieser endlich sein Leben an Jesus gab.« Steffen erzählt, als wäre es gestern gewesen. »Und dann zeigt er ein Video, wie er seinen Freund Dave taufte. Wir haben auf dem Kongress Rotz und Wasser geheult. Wie Hybels von seinem ›Freund‹ sprach. Das wollten wir auch. Dass solche Menschen wie Dave unsere Kirche attraktiv finden, und genauso unseren Glauben und unsere Liebe.[*] Das war unsere Berufung.«

Steffen machte sich mit seiner Frau Sibylle und Freunden auf die Suche, diesen neuen Traum zu leben. Sie redeten, beteten und redeten mehr. Sie hatten die Idee, einen Gästegottesdienst im CVJM zu machen. Aber das war gar nicht so einfach, nicht jeder unterstützte die Idee. Mit der Zeit lief es immer mehr darauf hinaus, dass sie etwas Eigenes starten müssten, um ihren Traum zu leben. »Wir hatten damals 100 Menschen in unserem E-Mail-Verteiler«, sagt Steffen. » Wir haben unsere Vision schön ausgemalt an alle geschickt, sie gefragt:

---

[*] Rene Steiner (Olten) sagt: »Jesus war so attraktiv, dass es in der Bibel heißt: ›Er heilte so viele, dass alle, die krank waren, sich auf ihn stürzten‹ (Markus 3,10). Wär das geil, wenn sich die Leute genauso auf die Kirchen stürzen würden!«

›Bist du dabei?‹ und sie zu einer Vision Night eingeladen.« Die Vision war der Start.

»Die Leute kamen dann zu uns nach Hause ins Wohnzimmer«, sagt er heute gelassen. »Dort ging es immer zur Hälfte um die Vision, etwas Neues zu starten, und zur anderen Hälfte um die Menschen, die da waren.« Sie sammelten bis zu 35 Menschen in ihrem Wohnzimmer. Hardt Mission Ministry war geboren – ein Werk 20 Kilometer nördlich von Karlsruhe. Sie hatten das Ziel, Menschen für Jesus zu gewinnen. »Wir haben früh gemerkt, dass wir rausmüssen aus dem Wohnzimmer – sonst hätten wir nicht gewirkt und wären heute noch dort. Speziell war, dass wir schon viele Kontakte durch meine Zeit beim CVJM hatten und nicht von null gestartet sind. Wir haben nach dem ersten Jahr einen Gästegottesdienst pro Monat gemacht. Das war teuer und aufwendig, 25 Leute haben vorbereitet und bis zu 120 kamen. Wir haben also schnell was gemacht – die Mischung war wichtig: kümmern und was machen.«

Der Gottesdienst war ein Erfolg. Und so ging es im dritten Jahr daran, einen eigenen sonntäglichen Gottesdienst zu machen. Steffen dazu: »Wir wollten keine Freikirche machen, sondern eine Parallelstruktur in der Landeskirche, wo Leute zu diesem Gottesdienst kommen, aber sonst in ihren Gemeinden sind. Aber das war naiv und nach zwei Jahren haben wir gemerkt, wir müssen für die Menschen Kirche werden. Deshalb haben wir dann den Gottesdienst sonntags angefangen. Dann sind wir ICF geworden und mit unseren 80 Leuten die 20 Kilometer nach Karlsruhe gezogen.«

> Wir müssen für die Menschen Kirche werden.

Der genX im B12 neigt sich dem Ende. Noch ein Gebet für alle und ein Song. »Bleibt doch noch eine Weile«, sagt der Moderator. »Draußen in der Lounge gibt es noch Kaffee. Und wer neu ist oder Infos will, kann gerne an unserem Welcomepoint vorbeischauen.«[*] Die Teilnehmer am Gottesdienst stehen von ihren Kinostühlen auf, strecken sich. Manche fallen sich in den Arm, die meisten sind recht schnell in Gespräche vertieft. Hier herrscht gute Stimmung. Die meisten scheinen sehr gerne hier zu sein. Und offenbar sind sie stolz da-

---

[*] Motoki Tonn (Hannover) sagt: »So haben wir die ICF auch stets in Zürich kennen und lieben gelernt. Was dies im Sinne der Nachfolge bewirkt, wissen wir nicht. Aber im Sinne der Integration und Weltoffenheit ist es sehr einladend.«

rauf, Teil des »Movements« zu sein – wie sich das ICF gerne selbst bezeichnet.

II – Planen ist Gold wert

Wie kommt ein ehemaliger CVJM-Jugend- und Musikreferent dazu, seine 100 Leute im E-Mail-Verteiler anzuschreiben und zu einem Gottesdienst im Industriegebiet zu sammeln? Woher kamen die Menschen? Steffen Beck meint dazu: »Die kamen wegen der Vision und weil sie mit uns klarkamen. Und natürlich auch, weil wir eine Berufung haben und zusammen mit unserem Team etwas zu sagen haben.«[*] Die Vision war der Startpunkt für die ICF Karlsruhe. Zusammen mit einem guten Team sind das gute Voraussetzungen. Aber das war nicht alles.[**]

Was lief da genau im Team rund um Steffen und Sibylle Beck in den ersten Jahren? »Wir hatten eine klare Berufung und wussten, dass wer A sagt, auch B machen muss«, meint Steffen heute. »Also haben wir konsequent immer den nächsten Schritt gemacht und viel geplant. Wir haben viel über Menschen gesprochen. Wie findet jeder in der Kirche den Platz, der ihm entspricht? Wie können gute Teams entstehen, in denen sich die Menschen wohlfühlen und die etwas leisten können? Und wir haben die Gottesdienste geplant – wie machen wir das? Wo bekommen wir einen Lkw für die Technik her? Und so weiter. Also viel Planung. Und in den Treffen mit allen ging es viel um unsere Vision und Worship, wir haben gebetet und uns umeinander gekümmert.« Ausrichtung und Aktionen entscheiden das Schicksal, nicht die Absichten. Und diese Ausrichtung muss sich entwickeln.

---

[*] Motoki Tonn (Hannover) sagt: »Was ist, wenn diese zentralen Personen wegbrechen? Meine Erfahrung zeigt, ein Plan ist dann recht weit durchdacht, wenn er für die Herausforderungen im Falle eines Erfolgs geschrieben ist. Beispielsweise kann dies bei einem Unternehmen die Steuer-/Cashflowplanung sein. Bei geistlichen Projekten würde ich immer fragen: Wie könnt ihr euch multiplizieren? Was passiert, wenn Frau oder Herr X entfielen? Wie multipliziert ihr DNA/Werte?«

[**] Markus Roll (Bonn) sagt: »Das habe ich auch bei meiner Gemeindegründung in Bonn gemerkt. Ohne eine starke Vision, eingebettet in einen gut durchdachten Gründungsplan, rübergebracht von einem mitreißenden Leiter, läuft am Anfang gar nichts. Es gibt eh wenig Menschen, die etwas anschließen, was es noch nicht gibt, aber für die, die das wollen und von ihrem Naturell her können, braucht es eine starke Vision, eingebettet in einen durchdachten Gründungsplan. Wenn dann noch Gott wirkt, dann kann man Menschen für die Gründung gewinnen.«

Beim Team haben wir gesehen, welchen Einfluss eine gemeinsame Ausrichtung hat. Das ist nicht selbstverständlich. Ein gemeinsames Verständnis wächst nicht von selbst.* Man muss sich das erarbeiten. Ein Prozess muss in Gang gesetzt werden. Und diesen Prozess nennt man Planen. Der amerikanische Präsident D. Eisenhower sagte einst: »Pläne sind nutzlos. Planen ist unverzichtbar.« Warum ist das so?

Im Planen kommen die unterschiedlichen Annahmen, Ziele und Werte auf den Tisch. Man bereitet sich vor. Man denkt über die Zukunft nach, wie sich Dinge entwickeln können, was es braucht und was vorbereitet werden muss. Ohne Planen läuft man den Ereignissen hinterher, kann Glück haben oder auch nicht. Etwa wie die Schildbürger. Als die Bürger Schildas ein neues, pompöses Rathaus bauen, vergisst der Architekt die Einplanung von Fenstern. Sie bauen munter vor sich hin und merken am Ende, dass das Rathaus innen stockfinster ist. Uuups. Die Schildbürger beschließen daraufhin, mit Eimern das Sonnenlicht einzufangen und ins Innere zu tragen. Planen ist Gold wert.

> Beten und umeinander kümmern

Es geht darum, richtig hinzuschauen, bevor man loslegt. Man muss Erfahrungen auswerten und Klarheit gewinnen, Risiken einschätzen und Alternativen abwägen. Wie Jesus sagte: »Denn wer würde mit dem Bau eines Hauses beginnen, ohne vorher die Kosten zu überschlagen?« (Lukas 14,28; NLB). Wenn man die Kosten überschlägt, kann man Risiken eingehen und Mut zeigen. Aber Courage ohne Plan ist nicht sehr empfehlenswert. Vorauszuschauen und die richtigen Fragen zu stellen ist das Herzstück des Planens. Und am besten ist es, wenn es das Team gemeinsam macht. Denn dann haben alle Mitglieder Anteil am Prozess, können sich beteiligen und die Ergebnisse durchdenken.**

In *The Illusions of Entrepreneurship* sagt der Wissenschaftler Scott Shane: Ja, Gründer nehmen viele Risiken auf sich. Aber das sind die scheiternden Gründer. Sie vernachlässigen alle Grundregeln erfah-

---

* Motoki Tonn (Hannover) sagt: »Hier kann ich persönlich nur zu 100 % zustimmen. Das Ausrichten auf ein Ziel – was schwer genug ist, wenn man tatsächlich alle Personen nach ›ihren‹ Zielen befragt – ist mitunter der herausforderndste Prozess, der leider auch nicht nach Beginn der Umsetzung aufhört.«

** Markus Roll (Bonn) sagt: »Das bedeutet auch, Menschen gehen zu lassen, die eine andere Vision haben. Niemand muss dem folgen. Es gibt auch andere gute Visionen.«

rener Gründer. Ein Geschäftsplan ist ein Muss. Scheiternde Gründer schreiben ihn meist nicht. Sie verstehen ihre Zielgruppe zu wenig und unterschätzen Marketing. Risiken werden eingegangen, weil man sich nicht gut vorbereitet. Das Gleiche gilt auch fast immer für Gemeindegründer.

Viel zu oft bleiben geistliche Projekte im Wunschstadium stecken. Man träumt von einer besseren Zukunft. Die Hausaufgaben wollen gemacht sein und die guten Absichten in gemeinsame Aktivitäten übersetzt. Der amerikanische Schriftsteller Edward Abbey sagte das so: »Gefühle ohne Aktion sind der Niedergang der Seele.« Immer nur große Träume zu artikulieren oder intensive Hoffnung zu haben, bewegt gar nichts. Im Gegenteil: Es führt zu Zynismus und raubt die Glaubwürdigkeit. Es braucht Aktionen, um etwas zu bewegen.

> Gefühle ohne Aktion sind der Niedergang der Seele.

Keiner baut ein Haus, ohne vorher die Kosten zu überschlagen.

III – Wo man anfängt

Wie beginnt man mit so einem Plan? Es gibt sicher nicht nur einen einzigen Weg, aber manche Wege ergeben sich natürlicher als andere. Schauen wir uns mal einen natürlichen Ablauf an, wie man einen Gedanken zur Aktion werden lässt. »Wir planen eigentlich ständig«, sagt der Autor David Allen.[54] »Wie man das Haus verlässt, wohin man fährt, wohin man zum Essen geht. Wann immer wir Absichten haben, gehen wir intuitiv durch einen Planungsprozess in fünf Phasen. Unser Gehirn macht das automatisch.« Allen beschreibt seinen Prozess und nennt ihn treffend die »natürliche Planung für Projekte«.

»Man fängt mit einer Absicht an – dem Grund, warum du etwas tust«, so Allen. »Du gehst essen, weil du Hunger hast oder weil du jemand treffen willst oder weil du nette Gesellschaft willst.« Er bezieht sich dabei auf die Mission. Das große *Warum* hinter allen Aktionen. Für ihn steht das ganz am Anfang der Planung. Eng mit der Absicht sind auch die Werte verbunden – so etwas wie die Leitplanken für eine Entscheidung. Würde man einen Käfer im Garten für eine Mahlzeit in Betracht ziehen? Oder ein totes Tier von der Straße? Natürlich nicht, weil es unseren kulturellen Werten nicht entspricht. Diese Werte sind uns häufig gar nicht bewusst, beeinflussen jedoch unsere Entscheidung. Bei kleinen Projekten mag es übertrieben sein, Werte zu benennen. Aber bei einer Gründung kann Klarheit darüber nie schaden. Okay, Schritt 2:

»Als Nächstes stellst du dir vor, wie es aussieht und sich anfühlt: das Restaurant, das Ambiente, das Gespräch und so weiter. Du hast ein Bild vom Ergebnis im Kopf«, meint Allen. Das ist dann die Vision. Wie soll dein Projekt einmal aussehen? Dieses Bild im Kopf ist risikoreich. Denn es ist ja nur ein Bild. Und es ist noch sehr weit weg. Gerade bei Gründungen wirkt es oft unrealistisch.

> Natürliche Planung für Projekte

Deshalb braucht man Mut und Antrieb, um sich auf das Unrealistische einzulassen. Vielleicht ist das die Gabe der Vision oder des Träumens, die manche Gründer haben. Dieses Bild, das die Mutigen im Kopf haben, ermöglicht es, Chancen zu erkennen und Informationen so zu sortieren, dass etwas passieren kann.

Mit diesem Bild im Kopf kommt es zu einer automatischen Reaktion im Gehirn: Passt das Bild zur Realität? »Wenn das Bild und deine Situation nicht zueinanderpassen, führt das zu kognitiver Dissonanz«, so Allen weiter. Kognitive Dissonanz ist eine Art Gedankenstress, wo zwei Gedanken nicht zusammenpassen. Einen Euro in einen Getränkeautomaten zu werfen und keine Ware dafür zu bekommen ist ein Beispiel dafür. Die Reaktion? »Das Gehirn fragt automatisch: Was muss ich tun? Was sind die Alternativen?« Diese Lücke zu schließen ist dann Schritt 3:

»Brainstorming kommt als Nächstes. Wann soll das Essen stattfinden? Muss ich reservieren? Mit wem gehe ich? Wie kleide ich mich? Aus der Lücke zwischen Wunsch und Wirklichkeit kommen alle möglichen Gedanken«, so Allen weiter. »Sie sind kaum geordnet, und daher sollte man sie festhalten. Man tut das sowieso im Kopf.« Bei einem Essen ist das eine relativ leichte Übung. Bei einer Gründung sind hier sicherlich viele Aspekte zu beachten und das braucht entsprechend Zeit.

»In der 4. Stufe bringt man seine Ideen in die richtige Reihenfolge. Was ist am wichtigsten? Was kommt zuerst?« Allen schließt seinen Plan damit: »Der letzte Schritt ist, Bill anzurufen und ihn einzuladen.

Die praktischen Handlungen. Hier teilt man auch Ressourcen wie Zeit und Geld ein.«[*]

Die Absicht führt zu einem Bild, das ich mir von der Zukunft mache. Das Bild führt zu Brainstorming. Brainstorming mündet in die Organisation der Gedanken. Die Organisation führt zu Aktionen. »Einfach«, meint David Allen. »Aber manchmal denken die Leute so nicht. Im Lauf der Jahre habe ich gelernt, dass manche Wege effektiver sind als andere. Das hat nichts mit Intelligenz zu tun. Eine bestimmte Abfolge führt einfach leichter zum Ziel und ist weniger aufwendig.«

Ein aufwendiger Weg wäre zum Beispiel, mit Aktionen anzufangen, sich dann erst einen Überblick zu schaffen oder erst später die Werte und Vision zu klären.

Das ist eine recht einfache Kette in der natürlichen Planung:
- Mission und Werte
- Zukunftsbild
- Brainstorming
- Ordnen der Ideen
- Umsetzen

Es fängt mit der Zukunft an. Mit dem Bild, wie es einmal sein soll. »Das würden wir heute anders machen«, sagt Steffen Beck. »Wir würden gleich sagen, dass wir Kirche werden wollen und was das heißt.« Ein klareres Zukunftsbild malen also. Irgendwann muss man die Frage nach der Zukunftssicht und der Mission sowieso stellen. Es ist billiger und besser, das gleich zu tun. Sonst geht man den Weg rückwärts zur Vision und Absicht.[**] David Allen sagt dazu: »Es ist nicht die Frage, ob du natürlich planst. Sondern wann und zu welchem Preis.«

In der Gründung ist dies hilfreich. Autor Alexander Venter beschreibt das als »*building from the bottom up*« (auf ein gutes Fundament bauen)[55]. Er sagt: »Um von unten nach oben zu bauen, fängst du mit deinem Traum von Gemeinde an. Dann definierst du die Mission und formulierst die Werte. Dann kommen Prioritäten und die Praxis.

---

[*] Rene Steiner (Olten) sagt: »Der beschriebene Prozess erinnert mich an das Coaching-Tool GROW. Goal (Ziel), Reality (Realität), Options (Optionen), Will (was wir wirklich tun wollen). So bekommen unsere Träume Hand und Fuß.«

[**] Markus Roll (Bonn) sagt: »Richtig. Immer so klar wie möglich beim Kommunizieren sein. Man erreicht damit nicht jeden, aber die Menschen, die man mehr erreichen würde, wenn man schwammiger kommuniziert, die laufen eh bei der ersten Herausforderung wieder weg!«

Und schließlich Personen und Programme.« Venter ist nahe bei David Allen. Alle fangen mit dem *Warum* an und damit, wie das Projekt in der Zukunft idealerweise aussehen soll.

Der amerikanische Pastor Rick Warren stimmt dem zu: »Der Startpunkt jeder Gemeinde sollte die Frage sein: Warum existieren wir?[*] Solange du nicht weißt, wozu deine Gemeinde existiert, hast du kein Fundament, keine Motivation und keine Richtung für das, was du tust. Der erste Schritt beim Start einer neuen Gemeinde ist, die Absicht zu bestimmen.«[56] In dieser Phase wird die Identität des Projekts festgelegt. Meistens legt eine Person einen Vorschlag vor, der von der Gruppe dann verfeinert wird.

> Fang mit dem *Warum* an!

Der Planungsprozess

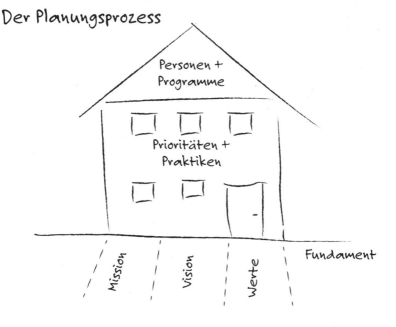

---

[*] Motoki Tonn (Hannover) sagt: »Eine der ersten interessanten Fragen, finde ich. Wenn Menschen planen, besteht immer die Gefahr, dass wenig gehört wird, viel von Menschenhand geplant wird und wir am Ende unserer Planungsschlacht überlegen: ›Wo passt da jetzt eigentlich Gott hinein?‹, und dann stellen wir Jesus natürlich einen Stuhl oder ein Kreuz in den Raum. Was ich damit nur etwas provokant sagen möchte, ist, dass wir die Erfahrung gemacht haben, dass er einen Plan hat und wir uns auf vorbereiteten Wegen bewegen können, sofern wir sie suchen.«

IV – Auf dünnem Eis

Am Anfang eines Projekts kann man den Leuten nur Worte bieten. An diesen Worten entscheidet sich, ob ein Traum in Erfüllung geht und Menschen bereit sind, ihr Handeln daran auszurichten. In den ersten Gesprächen geht es um ein Bild der Zukunft: was man starten will; warum es sich lohnt; warum man dazu motiviert ist. Diese Vision ist das schärfste Werkzeug in der Gründungsphase. Aber wie entsteht eine Vision? Wie gebraucht man sie? Wie hält man sie frisch?

Eine Vision durchläuft, wenn es keine Probleme gibt, vier Phasen:
- Implizit – Die Vision startet unterschwellig im Herzen und muss entdeckt werden.
- Explizit – Die Vision wird formuliert und kommuniziert.
- Plan – Ein Team findet sich um die Slogans und plant die Zukunft und die nächsten Schritte.
- Wirkung – Die Vision prägt die Gruppe und wird lebendig durch gemeinsame Aktionen.

Die erste Phase wird von Gefühlen geprägt. Man merkt, dass sich etwas im Herzen tut. Aber es ist schwierig, es in Worte zu fassen oder genau zu formulieren. Die Vision bewegt das Herz, aber sie blüht noch im Verborgenen. Hier lautet die Herausforderung, einen Prozess anzufangen, in dem die Eindrücke und Gefühle formuliert und kommunizierbar gemacht werden. Für die Becks ging das mit der Begegnung auf dem Willow-Creek-Kongress los.

Man fängt an, darüber zu reden. Die Vision wird klarer. Man redet mehr. Menschen zeigen ihre Reaktion auf die Vision. Im Gespräch werden neue Aspekte klar. Diese Klärung ist ein immerwährender Prozess, aber man hat ein Grundgerüst. Die Herausforderung hier ist, die Klarheit weiter zu schärfen, klar zu kommunizieren und andere für die Vision zu gewinnen. Man muss sagen, wie das Ergebnis aussehen soll und welche Veränderungen notwendig sind. Der Inhalt ist im Prinzip immer gleich: Eine Vision benennt das Problem, bietet eine Lösung und erklärt, warum dieser Prozess nötig ist. Für Steffen und Sibylle Beck bedeutete das: Kirche ist nicht attraktiv (Problem) – kommt daher zu einer *Vision Night*, wo wir vom Start einer attraktiven Gemeinde träumen (Lösung) – denn so können unsere Freunde zum

Glauben kommen (Warum). Je mehr die Menschen dieses Problem erkennen, desto begeisterter werden sie dabei sein. Das war die E-Mail der Becks an die 100 Leute und die Einladung zur *Vision Night*.

Manche bleiben bei Slogans stehen, doch nun ist es nötig, der Vision einen Rahmen zu geben, sodass sie Kraft entfalten kann. Zusammen mit dem Team redet man jetzt darüber, welche konkreten Schritte man unternehmen kann, um diesen Traum zu realisieren. Dieser Prozess der Planung schweißt das Team zusammen und gibt der Vision ein Rückgrat. Steffen Beck dazu: »Wir haben immer wieder unsere Vision und die konkreten Aktionen besprochen. Die Vision haben wir nicht diskutiert oder entwickelt. Die haben wir eher gepredigt und gelehrt. Die Leute haben von uns erwartet, dass wir sagen, wo es hingeht. Wir haben dann eher zusammen überlegt, wie die Vision umgesetzt werden kann. Von unserem Kern von 35 Leuten waren dann alle beteiligt. Damit war jeder Gottesdienst ein gemeinsames Erlebnis und ein gemeinsamer Erfolg.«

Und letztlich muss die Vision ihre Wirkung entfachen, indem sie im Projekt verkörpert wird. Das ist der praktische Aspekt. »Man muss die Prioritäten und Praxis durchdenken«, so Alexander Venter wiederum. Das sind die Hauptthemen, und man muss überlegen, wie man sie umsetzen will. In der Gründungsphase hat man hervorragende Möglichkeiten, einen Lebensstil zu entwerfen. Später wird die Gruppe diese Dynamik übernehmen und bewahren wollen. Welche Art von Lebensstil will man kultivieren? Und was will man betonen? Wie will man miteinander leben?

»Zum Schluss kommen die Personen und das Programm«, meint Venter. Das sind die Fähigkeiten und die konkreten Angebote, die dann einer Gemeinde ein Gesicht geben. Warum ist das so wichtig? In unseren Interviews wurde oft erwähnt, dass ein Konflikt unter den gründenden Personen die Gründung fast immer an den Abgrund bringt. Man muss miteinander »können«, von der Ausrichtung und von der Chemie her. Man braucht eine gemeinsame DNA und Sicht der Dinge. Beispielhaft dafür stehen die Becks, wie sie die DNA hineingaben, indem sie in jedem Leitungstreffen der ersten Jahre über die Vision sprachen und auch darüber, wer wo am richtigen Platz ist.

Damit die Vision lebendig wird, muss sie die Entscheidungen der Gruppe prägen. Der Leiter denkt Tag und Nacht an die Vision. Er bringt sie auf den Punkt. Er erzählt sie immer wieder. Und wieder. Und wieder. Er verkörpert sie zusammen mit dem Kernteam. Die Gruppe feiert unterwegs ihre Erfolge und damit die Vision. Dann fragt man gezielt Leute, ob sie sich dieser Vision anschließen wollen. Der Autor Jim Collins bringt es auf den Punkt: »Wenn ihr gut aufeinander abgestimmt seid, könnte ein Besucher von einem anderen Planeten kommen und die Vision verstehen, ohne ein Statement dazu zu lesen.« Damit hat man die besten Möglichkeiten, ein »Movement« hinzubekommen.[*]

V – Den gemeinsamen Rhythmus finden

Die Kraft des Teams wächst aus der gemeinsamen Bewegung. Pläne sind dazu da, Dinge in Bewegung zu setzen und ihnen Richtung zu geben. Wenn ein Team dann noch diesen Kurs halten kann, wird es schwer, die Gründung zu stoppen. Um einen gemeinsamen Rhythmus zu finden, braucht es Momentum, Mentoring und regelmäßige Abstimmungen.

Momentum sorgt für eine Vorwärtsbewegung aus Minierfolgen heraus.[**] Niemand will in einem Projekt arbeiten, das nie zu enden scheint. Normalerweise schwinden unsere Motivation und unser Interesse mit der Zeit. Lange dabei zu bleiben ist herausfordernd. Und mit der Motivation schwinden die Energie und wahrscheinlich auch die Bereitschaft, sich zu engagieren. Da Gründung ein langfristiges Projekt darstellt, kann das dazu führen, dass letztlich nur noch wenige alles tragen.[***]

---

[*] Motoki Tonn (Hannover) sagt: »Ich denke, das ist richtig. Ein solches Ziel muss infizierend sein. ›Sticky‹. Es besteht nicht zwangsläufig aus einem niedergeschriebenen Leitbild, sondern wird verkörpert durch ihre Träger. Es ist ansteckend: Einmal saß ich neben meiner Frau und hörte sie sagen: ›Da muss ich mitmachen!‹«

[**] Rene Steiner (Olten) sagt: »Als wir in Olten so um die 40 Leute waren und einfach niemand zum Glauben kommen wollte, haben uns zwei Dinge über Wasser gehalten. Das Erste war unser Traum von einer Kirche, die genauso abgeht wie in Apostelgeschichte 2. Das Zweite war unsere Fähigkeit, die kleinsten Erfolge zu feiern und in ihnen den Anfang der Verwirklichung unserer Träume zu sehen. ›Verachte nicht den Tag der kleinen Anfänge‹ (Sacharja 4,10). Heute feiern wir mit 170 Leuten Gottesdienst und erleben immer wieder, wie Menschen zu Nachfolgern von Jesus werden!«

[***] Markus Roll (Bonn) sagt: »Für den Zweck der dauerhaften Motivation habe ich in Bonn schon im ersten Jahr einen wöchentlichen Newsletter ins Leben gerufen, den ich immer montags der Gemeinde sende. Hier gibt es jede Woche neben Infos motivierende Berichte, eben was durch uns als Gemeinde an Veränderung geschieht, eben wo wir Minierfolge haben.«

Momentum lebt von Erfahrungen. Wenn Menschen das Gefühl haben, etwas zu erreichen, sind sie motiviert. Wann haben wir die meiste Energie? Wenn uns etwas begeistert. Dann kann uns fast nichts zurückhalten. Wir werden aktiv und tun, was wir können. Neues motiviert uns. Wenn man ein großes Projekt in kleine Abschnitte unterteilt, dann wächst damit die Chance, Motivation und Interesse am Leben zu erhalten. Weil immer etwas Neues passiert, hält die Begeisterung an. Außerdem muss man immer wieder konkrete Schritte finden, die gemeinsames Erleben ermöglichen, und dieses Potenzial dann entsprechend nutzen.

> Vorwärtsbewegung aus Minierfolgen

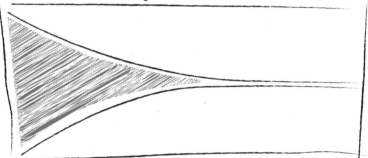

Großes Projekt

Großes Projekt mit kleinen Abschnitten

Der Autor Jim Collins bringt das in seinem Buch *Good to Great and the Social Sectors* auf den Punkt:

> *Man konzentriert sich auf seine Stärken und das führt zu Resultaten. Dann sind Menschen bereit, ihre Zeit und Ressourcen zur Verfügung zu stellen. Das führt zu weiteren Resultaten, was wiederum zu mehr Wachstum und Engagement führt. Die Organisation wächst und wird stärker. Menschen wollen sich gerne an etwas beteiligen, das funktioniert. Wenn man greifbare Ergebnisse sieht, dann baut sich Momentum auf. Und Leute kommen und schieben weiter mit. Erfolg führt zu Erfolg. So einfach ist das.**

»Ohne Momentum bleibt man genau da, wo man ist«, sagt Pastor Andy Stanley. Man muss etwas in Bewegung bringen, um etwas zu bewegen. »Momentum hat viel mit Erwartung zu tun – was passiert

---

* Markus Roll (Bonn) sagt: »So und nicht anders. Das markiert den Unterschied zwischen Gemeinden. An manchen Orten spürt man eine allgemeine Begeisterung, an anderen aber nicht. Das kommt davon, wenn man Menschen nicht nach ihren Stärken einsetzt!«

als Nächstes? Was ist schon passiert? Daher muss man bei Veranstaltungen überlegen, wie sie die beste Wirkung entfalten. Und man muss erklären, was und warum man es tut.« Menschen wollen sehen, dass es sich lohnt, in eine Gründung zu investieren. Sie lassen sich durch Fortschritte motivieren.

Bei einer Gründung können Probleme entstehen, wenn sich nichts entwickelt. Wenn über Monate keine Aktionen stattfinden, wenn niemand dazukommt oder nichts anvisiert wird, dann kommt der Kreislauf ins Stocken. Man kann das mit einem Flugzeug auf der Startbahn vergleichen – es muss Fahrt aufnehmen und dann irgendwann das Abheben schaffen. Sonst wird es schwierig.

Das hat einiges mit Planung zu tun. Welche Aktionen visiert man an? Und warum? Und vor allem: Wie nimmt man die Menschen dort mit hinein? Dazu muss man seine Zeit und Energie einteilen und Aktionen anvisieren, die Aussichten auf Erfolg haben. Martin Bühlmann sagt dazu: »Ich würde das heute anders machen. Mein Rat wäre: Versuche nicht mit aller Energie, jeden Tag dieses Wachstumsziel zu erreichen. Das frisst dich auf. Nicht jedes Treffen muss voller Intensität und Höhepunkte sein. Ich würde mir jetzt raten, auf drei bis vier Höhepunkte pro Jahr wirklich hinzuarbeiten und den Rest einfach zu leben.« Bei Momentum geht es um Feedback – die Gruppe soll erleben, dass etwas passiert.[*]

Aber nicht nur für die Gruppe ist es wichtig, dranzubleiben. Auch für die Hauptleiter scheint dies ein wichtiger Aspekt zu sein. In unseren Interviews haben wir auch immer wieder von Mentoren gehört, die Gründer begleitet haben. Wann immer die Gründer Mentoren hatten, haben sie diese positiv erwähnt. Neben der Begleitung und emotionalen Unterstützung schätzten die Gründer besonders den Austausch über Themen, die sie bewegten. Eine Untersuchung in den USA stellte die Frage, wie hilfreich Mentoring für eine Gründung ist. Es zeigte sich: Wer einen Mentor hat, kommt bei der Gründung besser voran. Mehr noch: Wer sich häufiger mit seinem Mentor trifft, erlebt größeres Wachstum.[**]

---

[*] Markus Roll (Bonn) sagt: »Genau! Immer aus der Ruhe und der Verbindung mit Gott heraus agieren und einige gezielte Nadelstiche geben. Eben das tun, was er einem zeigt. Blinder Aktivismus lässt nur das Team ausbrennen! Und so sind schon viele Gründungen gescheitert!«

[**] Markus Roll (Bonn) sagt: »Absolut. Kein Leiter kann sich dauerhaft aus sich selbst motivieren. Dafür ist der Kampf zu groß und komplex. Er braucht Quellen von außen!«

Neben dem fachlichen Rat und der emotionalen Begleitung helfen regelmäßige Treffen, Rückmeldung zu bekommen und an bestimmten Themen dranzubleiben. Freunde sind wichtig, Feedback ist wichtig und eine außenstehende Person hilft, die Richtung zu behalten.

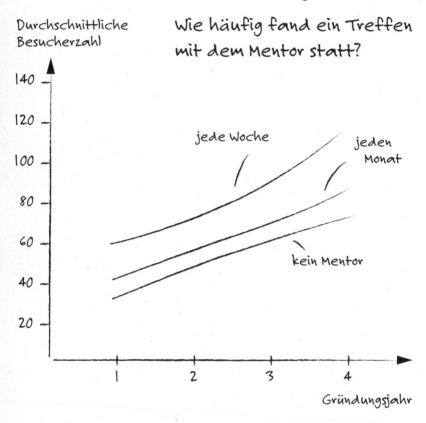

Doch auch für das Team selbst ist es eine beständige Herausforderung, den Kurs zu halten. Das Problem beim Planen ist schlicht und einfach folgendes: Nichts geht je nach Plan. Beim Planen spricht man über seine Absichten, Annahmen und Aktionen. Dann trifft man auf die Realität, und manches klappt und manches nicht. Zwischen Handeln und Denken braucht es eine regelmäßige Rückkopplung und Anpassung. Pläne sind instabil und die Welt ändert sich. Peter Drucker dazu[57]:

Man muss den Plan anpassen, wenn sich die Bedingungen ändern, wenn die Resultate nicht stimmen, wenn es einen überraschenden Erfolg gibt oder wenn das Zielpublikum dich woanders hinführt, als du gedacht hast ... Planung ist kein Ereignis. Sie ist ein kontinuierlicher Prozess, das zu stärken, was funktioniert, und das zu beenden, was nicht klappt. Sie beinhaltet die Bewertung der Ergebnisse und die beständige Anpassung an sich verändernde Bedingungen.

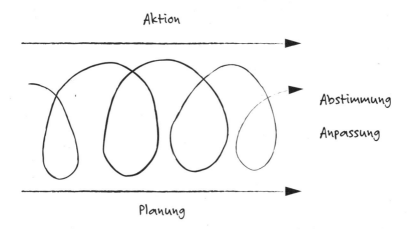

Diese beständige Abstimmung und Anpassung ist bei einer Gründung besonders wichtig. Eine der Kernfragen in einer Gründung lautet, wie man mit begrenzten Ressourcen zu seinen Zielen kommt. Geld, Zeit, Leute – alles ist begrenzt. Zumeist hat man kein Geld, Leute für bestimmte Aufgaben anzustellen. Auch die Zeit ist begrenzt und man muss sich fokussieren. Bei einer Umfrage im Internet nach den aktuellsten Fragen unter Gründern war der Umgang mit begrenzten Ressourcen stets unter den Top 3. Wie geht man das am besten an?

Bei begrenzten Ressourcen sollte die Diskussion um den Auftrag, die Mission stets im Mittelpunkt stehen. Genauso wichtig ist der Austausch über die tatsächlichen Ergebnisse, also darüber, was man will und was funktioniert. Peter Drucker gibt hier einige hilfreiche Hinweise[58]:

Die erste Entscheidung bei jedem Plan muss sich darum drehen, welche Aufgaben man nicht weiterführt, was nicht funktioniert und nicht zum Ergebnis beiträgt. Bei jedem Projekt oder Angebot sollte man sich fragen: Wenn wir das nicht schon machen würden, würden wir heute damit anfangen? Wenn die Antwort Nein ist, hört man damit sofort auf. Konzentration heißt, auf den Erfolg zu bauen. Die beste Regel ist, seine Ressourcen in seine Erfolge zu stecken.* Aber man muss auch nach den Erfolgen von morgen schauen. Welche neuen Möglichkeiten, welche neuen Themen haben wir? Man muss sich fragen: Was brauchen die Menschen? Wie können wir ihre Situation zum Positiven verändern? Die Antworten darauf sind enorm wichtig.

Feedback und Bewegung sind wichtig, genauso wie der Blick auf das, was gerade passiert. Und dann den Kurs halten und anpassen, wenn es nötig ist. Planen ist ein Prozess. Es erlaubt einen gemeinsamen Rhythmus, wenn man es richtig angeht. Wie sieht ein einfacher Plan für eine Gründung aus?

VI – Der kleine Unterschied

Wie passiert Veränderung? Das fragte sich der Psychologe Howard Leventhal. Dazu dachte er sich mit einem Kollegen ein Experiment aus[59]. An seiner Universität – Yale – lud er Studenten zu einem Vortrag ein mit dem Ziel, sie zu einer Tetanusimpfung zu bewegen. Er gab den Studenten ein kleines Büchlein mit Informationen zu Tetanus – wie gefährlich es war und warum man sich impfen lassen sollte. Dort stand auch, dass es an der Uni kostenlose Impfungen gab.

Allerdings teilte Leventhal die Studenten mit einer zufälligen Auswahl in zwei Gruppen auf. Die einen bekamen ein Heft mit dramatischen Bildern und Beschreibungen – wie Tetanusopfer unter Krämp-

---

* Markus Roll (Bonn) sagt: »Wir haben auch schon so viel in Bonn ausprobiert, wie man Menschen für Jesus gewinnen kann, aber letztendlich bestehen wir unter anderem noch, weil wir uns immer wieder von allem verabschiedet haben, was keinen Erfolg hat. Es gibt keine heiligen Kühe …!«

fen litten und wie schmerzhaft die Behandlung mit Kathedern und Nasenröhren war. Das war die Gruppe mit »hoher Angst«.

Die Gruppe mit »geringer Angst« bekam ein viel harmloseres Heft. Es enthielt dieselben Informationen, aber ohne Bilder und in weniger krasser Sprache. Die Studenten sollten nach dem Lesen einige Fragen beantworten.

Was kam dabei heraus? Alle Studenten konnten etwas über die Gefährlichkeit von Tetanus sagen. In der Gruppe mit »hoher Angst« wussten sie noch etwas mehr über die Wichtigkeit der Impfung zu erzählen. Die meisten gaben an, das Angebot der kostenlosen Impfung anzunehmen. Und darum ging es Leventhal – wer würde tatsächlich handeln?

Er fragte einen Monat später nach, wer sich tatsächlich hatte impfen lassen. Es waren 3 % aller Studenten. Der Anteil lag in beiden Gruppen gleich hoch. Nur sehr wenige hatten also den guten Vorsatz in die Tat umgesetzt. Das war verwunderlich, dachte sich Leventhal.

Er wollte das besser verstehen und führte noch einen weiteren Test durch. Wieder wurden die Studenten in zwei Gruppen aufgeteilt, wieder bekamen sie zwei verschiedene Hefte. Dieses Mal waren sie jedoch geringfügig verändert worden. Ein Lageplan des Campus war angefügt, auf dem man den Weg zum Raum gekennzeichnet hatte, wo die Impfung stattfand. Außerdem waren die Zeiten aufgeführt, wann man zur Impfung kommen konnte.

Das Ergebnis? 28 % der Studenten ließen sich impfen. Zehn Mal so viele wie vorher. Und das in beiden Gruppen – sowohl in der mit »hoher Angst« als auch in der mit »geringer Angst«. Eine kleine Anpassung im Buch führte zu einer Verhaltensänderung. Eine Karte mit einer Wegbeschreibung und den Öffnungszeiten, die den Studenten die Möglichkeit gab, die nächsten Schritte zu gehen. Das war der Unterschied. Sobald die Studenten verstanden, wie diese Tetanus-Geschichte in ihr Leben passte, machten sie etwas damit. Es gab eine praktische Anleitung und wurde damit für sie relevant.[*]

Trainings zu Gründungen in aller Welt empfehlen einen Zweijahresplan oder einen strategischen Plan für die Gründung. Darin werden die Annahmen und konkreten Schritte ausformuliert. Aus unseren

---

[*] Markus Roll (Bonn) sagt: »Das klingt wahrscheinlich arrogant, aber immer damit rechnen, dass die Masse nicht besonders mitdenkt.«

Interviews zeigte sich, dass die fünf Elemente in diesem Buch auch in dieser Reihenfolge wesentlich sind – zunächst Klarheit des Auftrags, dann Sammeln eines Teams und eine gute gemeinsame Ausrichtung, dann Wirkung nach außen und Aufbau nach innen. Ein typischer Zweijahresplan enthält diese Elemente. Meist führt das zu einem Dokument, das zwischen zwei und zwölf Seiten lang sein kann. Die konkreten Fragen stehen im Anhang, zusammen mit den Kommentaren der Gründer.

Mit diesem Plan hat man nun die gesammelten Gedanken in der Hand. Er bietet praktische Schritte an, die man mitgehen kann, ob nun im Team, als neues Mitglied oder als jemand, der gerade zum Glauben gekommen ist. In Sprüche 14,15 heißt es: »Nur unerfahrene Menschen glauben alles, was man ihnen erzählt! Die Klugen aber bedenken jeden ihrer Schritte« (NLB). Bewusstes Handeln macht klug. Der Plan ist die Vorbereitung zur Aktion. Planen bedeutet, gemeinsam wertvolle Zeit im Team zu verbringen. Hier besteht die Chance, sich kennenzulernen und ein gemeinsames Bild zu entwickeln. Wenn das Team steht, die Vision klar ist und man weiß, was man will, dann kann man loslegen.

> Bewusstes Handeln macht klug!

Pastor Carl Tuttle meint dazu[60]: »Als wir damals im Februar 1984 eine Gemeinde im kalifornischen Santa Maria gründeten, war das die Zeit, als alle in der Vineyard Fünfjahrespläne machten. Manche füllten einen zehn Zentimeter hohen Stapel an Blättern mit all ihren Zielen und Plänen. Mein Plan fürs erste Jahr füllte gerade einmal eine halbe Seite. Mein Plan für die Santa Maria Vineyard war einfach – Menschen zu sammeln, Beziehungen einzugehen, Werte zu vermitteln.« Womit wir beim nächsten Kapitel wären ...

Kapitel 5

Evangelisation

Und wie können sie an ihn glauben, wenn sie nie von ihm gehört haben? Und wie können sie von ihm hören, wenn niemand ihnen die Botschaft verkündet? – Paulus in Römer 6,14 (NLB)

I – Freiburg

Im Frühling 2003 gab es im Süden Deutschlands einen Neuanfang der besonderen Art. Der Freiburger Stadtmissionar Norbert Aufrecht blickte auf ein Jahr voller Diskussionen zurück, in der Hoffnung, seine Vision von einer neuen Gemeinde in der evangelischen Landeskirche zu realisieren. So etwas hatte noch niemand gemacht. Die Kirche in Freiburg gab es schon Jahrhunderte. Die Stadtmission war 1882 gegründet worden und hatte bereits über 100 Jahre in der Stadt am Rande des Schwarzwalds gewirkt. Gottesdienste wurden angeboten, das Evangelium verkündet und den Armen der Stadt gedient.

Doch die Pauluskirche lag im Stadtzentrum von Freiburg. Und in der Innenstadt lebten immer weniger Menschen, und diese wenigen traten auch noch immer häufiger aus der Kirche aus. Die Kirche fing an, mehr zu kosten als zu nützen, und stand leider häufig leer. In England werden leere Kirchen verkauft – manchmal werden sie zu Bäckereien oder Pubs umfunktioniert. So etwas geht hier kaum. Die Pauluskirche hatte besonders viel Bedarf an Reparaturen, also legte man sie mit einer Nachbargemeinde zusammen. Und die Kirche sollte dicht bleiben.

Doch Norbert Aufrecht und ein paar Kollegen waren die Jahre zuvor in England gewesen. Und dort gab es nicht nur Pubs in Kirchen, sondern auch Bemühungen, die Kirchen neu zu beleben. Seit 20 Jahren versuchte man, einen Blickwechsel zu vollziehen, und jetzt waren die ersten Früchte zu sehen. *Fresh Expressions* nannte sich diese Bewegung. Und sie führte zu neuen Gründungen und Projekten im kirchlichen Rahmen. Warum so was nicht in Freiburg machen?

Die Überlegungen führten zu Gesprächen mit der Landeskirche. Am Anfang gab es 15 Leute, die mitmachen wollten. Sie waren evangelisch geprägt und wollten keine Freikirche gründen – was bisher die einzige Möglichkeit gewesen war, etwas Neues anzufangen. Es gab ein Kirchgebäude und glücklicherweise auch einen Bischof, der von Willow Creek beeinflusst war. Die Idee war dann: Wir gründen eine evangelische Gemeinde und erreichen alle, die nicht von der traditionellen Kirche erreicht werden, zum Beispiel Studenten und Menschen unter 60. Rechtlich war das gar nicht einfach, weil jede evangelische Gemeinde jeweils für ein bestimmtes Gebiet zuständig ist. Nun wollte man eine Zielgruppe ansprechen und nicht für ein Gebiet da sein. Mit etwas Hilfe und einer Anschubfinanzierung durch die Stadtmission starteten dann 2003 Aufrecht & Co. in Freiburg mit der Arbeit.

Die 15 Leute steckten ihre Köpfe zusammen, dachten über ihren Traum von Kirche nach, nutzten das wenige Geld für einige Investitionen in einem Nebenraum und suchten nach einem hauptamtlichen Mitarbeiter. Ralf Berger sah die Vision und war begeistert. »Die Gemeindevision hatte schon gewisse Ziele und Ideale, aber niemand von uns hatte jemals so was gemacht«, sagt er heute.

> Sie dachten über ihren Traum von Kirche nach.

»Also haben wir mit einem Gottesdienst angefangen. Das waren die Leute gewohnt.«

Zum Eröffnungsgottesdienst von *dreisam3*, so der Name der neuen Gemeinde, kamen 350 Besucher. Der Bischof war da und lauter geladene Gäste. Ralf Berger: »Wir waren ja nur 15 Leute und dachten uns, wenn wir nach einem Jahr 25 sind, ist das okay. Wir hatten die Sitzanordnung verkleinert, denn wenn man mit so wenig Leuten da sitzt und das so groß ist, dann ist das unterhalb der Peinlichkeitsgrenze. Direkt am ersten regulären Sonntag waren 50 Leute da. Bis Weihnachten waren es so 70. Wir dachten, das sind Leute, die sich das nur mal anschauen, weil es in der Zeitung stand. Im Januar waren es dann so um die 80 und wir sind stetig gewachsen.«

Woher sind die Leute gekommen? »Wir haben das gar nicht beachtet, aber von Anfang an hatten wir viele Studenten da«, sagt Ralf Berger. »Hier gibt es die evangelische Fachhochschule und die Leute dort haben eine gewisse Verbindung zur evangelischen Kirche. Aber viele junge Leute hadern auch mit der kirchlichen Kultur und hätten gerne was Moderneres und mit mehr Abwechslung. Das bieten aber viele Kirchen nicht an und dann gehen viele in Freikirchen. Und für diese Studenten war das natürlich eine faszinierende Sache – da ist alles neu und man kann mit einsteigen. Da sind ein oder zwei Leute zu uns gekommen und das hat sich an der Uni rumgesprochen. Viel Mund-zu-Mund-Propaganda.«[*]

Heute ist die ehemals leer stehende Kirche in Freiburg zwei Mal am Sonntag rammelvoll. Unter dem Slogan »Neues Leben in alter Kirche« hat sich der gewagte Schritt von Aufrecht und Konsorten gelohnt. In der Dreisamstraße 3 in Freiburg ist etwas Neues passiert. »Erstmals in der Geschichte der Badischen Landeskirche eine Pfarrgemeinde ohne Parochie, ohne Gemeindegebiet und mit einem hohen Maß an Eigenständigkeit«, so auf der Webseite von dreisam3. »Besonders Menschen, die Gott und Glaube skeptisch gegenüberstehen oder mehr (An-)Fragen als Antworten haben, sollen mit dem neuen Gemeindemodell erreicht werden.«

Menschen erreichen. Das ist der wesentliche Faktor im Wachstum einer Gemeinde. Ohne Menschen keine Gemeinde. Aber wie kommt man an die Menschen heran? Und wie erreicht man sie?

II – Der entscheidende Faktor

In unseren Interviews mit Gründern und Verantwortlichen bemerkten wir etwas Interessantes. Auf die Frage nach den wichtigen Faktoren brachten die Gründer oft interne Gründe, warum ihr Projekt funktioniert hat – Dinge wie Berufung, Team, Strategie oder auch persönliche Stärken. Aber eins nannten sie kaum: das Erreichen von Menschen. Dafür brachten fast alle Verantwortlichen die Evangelisation als *den* Knackpunkt ins Spiel. Sie betonten das ausführlich und mit Nachdruck. Wer gut im Erreichen von Menschen ist, der kommt mit der Gründung voran. Doch die meisten Gründer unterschätzen das. Steve Sjogren betont dabei die Priorität des Netzwerkens: »Als Gründer musst du deine Zeit im Netzwerken verbringen, nicht Pastor spielen.

---

[*] Christoph Schmitter (Würzburg) sagt: »Dieser Bericht erinnert mich an die Anfänge der CityChurch in Würzburg. Ohne bis ins Letzte durchgeplante Strategie probieren junge Leute etwas aus und sind dann fast selber überrascht, wie schnell das Ding wächst. Gemeindegründung funktioniert nicht immer so – aber manchmal.«

Wenn ich Gründer sehe, die Leute im Krankenhaus besuchen, dann frage ich sie: Was machst du denn? Wenn du nicht bei einer kritischen Masse von Menschen bist, dann musst du sammeln, sammeln, sammeln.«[*]

Christoph Schalk sieht das ähnlich: »Das größte Problem bei einer Gründung ist, wenn der Gründer kein Evangelist ist und niemand im Team hat, der das macht. Dann wächst die Gemeinde einfach nicht und niemand bekehrt sich. Wenn sie wächst, dann kommen Leute von woanders und das führt zum Werteproblem.[**] Bob Logan hat einmal gesagt: 50 % der Zeit und Energie muss in Evangelisation fließen.« Drastische Worte von jemandem, der viele Gründungen gesehen und begleitet hat. Wie gravierend ist dieses Problem?

> Das größte Problem bei einer Gründung ist, wenn der Gründer kein Evangelist ist.

»Die Realität ist, dass der Bereich häufig ganz fehlt«, so Schalk. »Von allen Gründungen, die ich begleitet habe, gibt es keine, die genug gemacht hat. In ⅔ aller Fälle war es ein kritisches Problem.«

In den meisten Fällen ein kritisches Problem. *Keine* Gemeinde hat genug gemacht. Warum?

Es scheint, dass es eine natürliche Tendenz bei Christen gibt, sich anderen Dingen zuzuwenden. Martin Bühlmann ist seit ein paar Jahren wieder dabei, eine Gemeinde zu gründen, und berichtet über seine Erfahrung: »Bei uns in Berlin will ich nicht in Events investieren. Ich möchte in Beziehungen investieren, damit unser Netz zu Jesus fern-

---

[*] Dietrich Schindler (Witten) sagt: »Oft liegt die Unfähigkeit, neue Kontakte zu Nichtchristen aufbauen zu können, darin, dass Gemeindegründer theologische Ausbildungsstätten besucht haben, in denen ihnen von den Dozenten her eher ein pastorales Verhalten vermittelt wurde. Aber Gemeindegründer müssen in erster Linie Missionare sein, die manchmal pastorale Züge aufweisen, statt Pastoren, die sich manchmal missionarisch engagieren. In der Welt eines Gemeindegründers sind die zwei größten Hindernisse der Schreibtisch und der Rechner. Deshalb sollte der Gründer die Hälfte seiner Zeit in der Ernte verbringen und nicht den Löwenanteil in der Gemeindescheune.«

[**] Ed Einsiedler (Mannheim) sagt: »Das ist das Hauptproblem mit dem Sammeln-Gedanken. Wer einfach ein Netz auswirft, sammelt zwar insgesamt mehr Fische, aber es ist auch viel Schrott dabei. Wir hatten schon von Anfang an Probleme bei der Wertevermittlung, weil ganz unterschiedliche Vorstellungen von Gemeinde vorhanden waren, bis hin zu der Frage, ob Evangelisation überhaupt notwendig sei. Viele Kontakte zu haben ist wichtig, aber lieber eine Gemeinde gründen mit einem kleinen Team aus hingegebenen Missionaren, als die Bude vollzustopfen mit bequemen Kuschelchristen.«

stehenden Menschen immer breiter wird. Der Schlüssel ist wirklich in der Haltung des Leiters. Bei uns in Berlin hat das mit meiner Nachhaltigkeit zu tun, jede Woche mit Menschen zusammen zu sein, die Jesus nicht kennen.* Das entwickelt Kraft. Aber die Kräfte in der Gruppe, unterwegs aufzugeben, sind relativ groß. Nicht mit der Gemeinde, sondern dem Outward-Fokus-Lebensstil.** Weil es einfach anstrengend erscheint.«***

Auch Michael Winkler bestätigt das: »In christlichen Gebieten kannst du immer auf christliche Personen zurückgreifen. Durch CVJM, Reli-Unterricht, gläubige Großeltern sind die Personen schon vorbereitet. Heute ist das immer weniger der Fall. Es ist wie in einem heidnischen Land. Du kannst auf keine geistlichen Wurzeln zugreifen. Das bedeutet mehr Gebet, mehr Ackerarbeit. Es braucht mehr Ausdauer und Freudigkeit, sich mit kleinen Erfolgen zufriedenzugeben. Man muss die Bereitschaft zum langfristigen Arbeiten mitbringen. Viele Gründungen kommen da nicht durch, weil sie ihre Ressourcen zu kurz angesetzt haben (Gebet, Mitarbeiter, Geld, Lebensplanung wie ein junges Ehepaar ohne Kinder).«

Wie kann Wirkung nach außen unter diesen Umständen entstehen? Der amerikanische Pastor Bill Hybels beschäftigte sich mit dieser Frage und meint, dass es drei Dinge braucht: **geistliche Intensität, Nähe und Kommunikation.** Er packt das in eine Formel, bei der Mathematikern warm ums Herz wird, die aber bei allen anderen Depressionen auslöst.[61] Seine Gedanken sind recht einfach: Um Wirkung

---

* Christoph Schmitter (Würzburg) sagt: »Ein weiteres Problem scheint mir zu sein, dass viele Christen beim Begriff ›Evangelisation‹ an etwas denken, das heute leider kaum noch Menschen erreicht: Man denkt an evangelistische Veranstaltungen, dabei müsste man an einen evangelistischen Lebensstil denken – und damit ist vor allem Netzwerkarbeit gemeint. Mag sein, dass du vor 50 Jahren nur die Stadthalle mieten und Billy Graham buchen musstest – heute musst du wirklich mit den Menschen leben, die du erreichen willst.«
** David Schäfer (Essen) sagt: »Dieser missionale Fokus nach außen, der die Mission immer als treibende Kraft Gottes versteht, ist auch meines Erachtens kritisch für jede Gemeinde. Sonst wird sie schnell im eigenen Saft schmoren und kaum Außenwirkung haben.«
*** Marcus Hausner (Albershausen) sagt: »Das ist für mich eine entscheidende Aufgabe, Menschen einen Rahmen zu geben, in dem sie erleben, wie Geben und Verschenken bereichert und nicht auszehrt. Für mich sind diese Dimensionen UP (Beziehung zu Gott), IN (Beziehungen zur Gemeinde) und OUT (Beziehung zu Jesus fernstehenden Menschen und der Gesellschaft) in Balance zu sehen.«

zu erzielen, ist zunächst echtes geistliches Leben vonnöten.* Es muss etwas da sein, das glaubwürdig und intensiv ist. Dann muss man Nähe zu den Menschen aufbauen, die man erreichen will. Man muss sie im Alltag treffen und wirklich kennen. Schließlich müssen die Inhalte klar kommuniziert werden. Rumdrucksen oder Andeuten ist nicht gefragt, sondern Worte, die auf den Punkt kommen.**

> Worte, die auf den Punkt kommen

Steve Nicholson betont noch einmal: »In unseren Trainings ist der Teil über Evangelisation der wichtigste. Sonst gibt es keine Kirche. Wir sagen den Gründern, was notwendig ist und was sie tun können. Das größte Problem ist, dass es keine Technik ist, sondern ein Lebensstil.*** Und die meisten unterschätzen das und sind nicht realistisch genug. Wir vermitteln ihnen das Bild davon und was es wirklich braucht.« Hier sind die drei Dinge im Einzelnen:

III – Gute Nachricht sein

Was ist in den ersten 350 Jahren nach Jesu Tod passiert? Diese Frage bewegte immer wieder die Intellektuellen, Skeptiker wie auch die Fans von Jesus. Da war eine Gruppe von Leuten am östlichen Mittelmeer, vielleicht 3 000 Menschen, vielleicht 5 000. Und diese waren weitestgehend ungeübt, eine Kirche zu starten und zu leiten. Im Gegenteil, sie waren nicht übermäßig gebildet, hatten viele Schwächen und wurden auch noch regelmäßig verfolgt. Dann, 350 Jahre später,

---

* Dennis Bitterli (Stans) sagt: »Die klassische Antwort eines Jesus noch Fernstehenden auf die Frage: ›Fehlt dir nicht etwas ohne Gott?‹, ist schlicht und einfach: ›Nein!‹ Anfangs war ich verwundert darüber. Bis ich verstand, dass sie alles haben, was sie kennen. Das geht so lange, bis sie etwas in dir sehen, was sie nicht haben. Erst wenn sie dieses geistliche Leben und nicht tote Religion in deinem Leben sehen, bemerken sie, dass ihnen wirklich etwas fehlt. Dann kommen dann Statements wie: ›Normalerweise mag ich die Kirchentypen nicht, doch du hast irgendwas Besonderes.‹«

** Christoph Schmitter (Würzburg) sagt: »Der gute alte Hybels. Wie lange ist es her, dass ich sein Buch (Bekehre nicht, lebe!) gelesen habe. Danke für die Erinnerung an seine einfache wie geniale Formel. Trotzdem hinterlässt sie auf meiner Zunge einen ungutan Beigeschmack. Eine Formel macht den nichtglaubenden Menschen leicht zum Missionsobjekt und die Beziehung (uN = unmittelbare Nähe) zum Mittel zum Zweck. So missverstanden wird der Evangelist zum Seelenfänger (von denen unsere Zeit wahrlich schon genug hat) und der aufgeweckte Zeitgenosse wird dieses falschen Braten bald riechen.«

*** Dennis Bitterli (Stans) sagt: »Einen Lebensstil der Evangelisation zu führen bedeutet, Gottes Liebe in mein persönliches Umfeld hineinzutragen, und nicht nur samstags von 2–4 Uhr nachmittags auf der Straße.«

wird das Christentum offizielle Religion des Römischen Reiches. 50 % der Menschen im gesamten Mittelmeerraum folgen Jesus – ungefähr 34 Millionen.[62] Wie haben die das gemacht?

Stetig, so lautet ein Teil der Antwort. Sie waren nicht in Eile, sondern auf die »Qualität der natürlichen Hingabe« aus. Robert Coleman beschreibt in seinem Klassiker *The Master Plan of Evangelism* den Ansatz Jesu. »Wir sind meist damit beschäftigt, ein Programm nach dem anderen in Gemeinden durchzuführen. Aber erreichen wir unsere Ziele?«, fragt Coleman. Seiner Meinung nach sollten wir uns ein Beispiel an der Strategie Jesu nehmen. Coleman fährt fort: »Man kann die Welt nicht verändern, wenn nicht einzelne Menschen verändert werden. Und einzelne Menschen ändern sich nur im direkten Kontakt mit dem Meister.« Das ist Colemans Logik: Jesus konzentrierte sich auf wenige Menschen, verbrachte viel Zeit mit ihnen, zeigte ihnen sein Leben, gab ihnen Autorität und begleitete sie. Und dann ging er weg und übergab ihnen die Verantwortung.

Ihr Leben war von Jesus geprägt. Außenwirkung ist die Konsequenz eines veränderten Lebens. »Jesus wollte nicht die Massen beeindrucken«, so Coleman, »sondern das Reich Gottes aufrichten. Dafür brauchte er Menschen, die die Massen leiten würden … Jesus war Realist. Die Massen waren bereit, fast jedem zu folgen, der ihnen etwas versprach.«[63] Es ging Jesus um die Substanz. Um die geistliche Intensität.*

> Außenwirkung ist die Konsequenz eines veränderten Lebens.

Martin Bühlmann warnt Gemeindegründer in dieser Hinsicht: »Manche haben eine große Fähigkeit zum Sammeln. Sie finden einfach eine gute Marktnische und geben Menschen eine geistliche Alternative vor Ort. Wenn es zum Beispiel in einem Ort mit 30 000 Einwohnern keine charismatische Gemeinde gibt, dann kannst du recht leicht das charismatische Vakuum bedienen und eine Gemeinde damit starten. Das möchte ich nicht. Gründung bringt nur etwas, wenn Menschen zum Glauben kommen.«**

Das ist natürlich schwieriger. Dafür brauchen wir eine Kultur, die auf gelebte Hingabe setzt und nicht nur auf Wachstum. Massen

---

* Dietrich Schindler (Witten) sagt: »Jesus hat uns den Auftrag gegeben, Menschen zu seinen Nachfolgern/Jüngern zu machen. Erfolgreiche Gemeindegründer werden einen Plan haben, wie sie Außenstehende zu völlig hingegebenen Jüngern Jesu machen können.«
** David Schäfer (Essen) sagt: »Amen!«

sammeln allein ist nicht das Ziel. Ein inneres Feuer, das um sich greift, ist der Weg Jesu. Es braucht Menschen, die ihre Hingabe zu Jesus leben und andere mit hineinnehmen.* John Wesley sagte einst: »Gib mir hundert Männer, die nichts fürchten außer Sünde und nichts wollen außer Gott. Egal ob sie gebildet oder Laien sind – sie werden die Tore der Hölle erschüttern und das Reich Gottes auf der Erde sichtbar machen.«** Wenige Menschen. Starke Intensität.

Als Jesus seine Jünger zum ersten Mal aussandte, gab er ihnen folgenden Auftrag:

> *Nun geht und denkt daran, dass ich euch wie Lämmer unter die Wölfe schicke. Nehmt kein Geld mit, auch kein Gepäck, ja nicht einmal ein zweites Paar Sandalen. Und haltet euch unterwegs nicht auf, um jemanden zu grüßen. Wann immer ihr ein Haus betretet, segnet es. Wenn seine Bewohner des Segens würdig sind, wird er bei ihnen bleiben; wenn sie es nicht sind, wird der Segen zu euch zurückkehren. Wenn ihr in eine Stadt kommt, zieht nicht von Haus zu Haus. Bleibt an einem Ort und esst und trinkt, was man euch vorsetzt. Zögert nicht, Gastfreundschaft anzunehmen, denn wer arbeitet, hat auch Lohn verdient. Wenn eine Stadt euch willkommen heißt, dann esst, was euch vorgesetzt wird, heilt die Kranken und sagt dabei: »Das Reich Gottes ist nahe bei euch« (Lukas 10,3-10; NLB).*

Am Anfang steht der Auftrag, die Dinge nicht zu kompliziert zu machen und nicht zu viele Worte zu machen. Wie Lämmer sollen wir unterwegs sein. Ohne Vorräte reisen. Also nicht völlig überzeugt von uns selbst sein, nicht mit großen Erwartungen und einem Koffer von Methoden anrücken, sondern in einer Haltung der Offenheit und Verletzlichkeit. Wie Lämmer eben. Michael Winkler sagt dazu: »In evangelikalen Gemeinden sieht das klassische Bild so aus, dass jemand predigt und die Leute an den Altar ruft. Das funktioniert aber immer weniger.

---

* Ed Einsiedler (Mannheim) sagt: »Ein Vorteil des missionalen Modells ist, dass die Anziehungskraft für Christen gleich null ist. Kein attraktiver Wohlfühlgottesdienst. Kein Hauskreis mit zusätzlichen Streicheleinheiten. Wenn ich auf eine Sache bei uns stolz sein darf, dann auf die Tatsache, dass wir niemanden aus anderen Gemeinden abgeworben haben. Es ist auch bisher niemand von uns in eine andere Gemeinde gewechselt.«

** David Schäfer (Essen) sagt: »Ich liebe das Zitat. Ich denke immer: Mir wären schon 50 genug. Jesus schienen sogar 12 zu reichen.«

Wir müssen wieder mehr missionarisches Denken entwickeln. Wenn du in Rostock im Plattenbau arbeitest, ist das kaum anders als bei Freunden von mir, die auf den Philippinen waren. Sie mussten dort erst mal lernen, wie man da lebt. Statt mit Veranstaltungen zu starten, lieber unter den Menschen leben, unter den Kindern arbeiten, Teil des Stadtgebiets werden. Diese lernende Haltung ist wirklich wichtig, um in die Kultur einzutauchen.« Die Ressourcen sind in einer Kultur immer da – so ein Leitsatz der Missionsdenke –, man muss sie nur erkennen und nutzen lernen. Unkompliziert und verletzbar gehen.*

Dann einem Haus Frieden zusprechen. Mit einer freundlichen Haltung kommen. Und auf die Leute reagieren. Nicht mit der Tür ins Haus fallen. Die Offenheit der Menschen scheint Jesus wichtig zu sein. Es ist eine Haltung der Wertschätzung für die Offenheit der anderen. Wer zu früh zu konfrontativ unterwegs ist, dem schlägt man eventuell die Tür vor der Nase zu. Menschen müssen erst dem Botschafter vertrauen lernen, bevor sie der Botschaft vertrauen. Dazu später mehr.

Miteinander essen. Bleibt bei ihnen. Jesu Auftrag lautet: Essen. Beziehung mit den Menschen aufbauen. Sie wirklich kennenlernen.** Es ernst meinen mit der Beziehung, nicht nur Menschen nutzen für die eigenen Ziele.*** Stell dir vor, du bist bei neuen Nachbarn zum Essen eingeladen. Plötzlich wendet sich der Abend von einem netten Kennenlernen zu einer schmierigen Verkaufsveranstaltung. Nach dem Dessert kommt der Prospekt von ihrem Haus in Spanien. »All das Interesse, um mir eine Wohnung in Spanien zu verkaufen?«, denkst du. Und die Sympathie für die Familie schwindet. Was nett gedacht war, entpuppt sich als

> Vom netten Kennenlernen zu einer schmierigen Verkaufsveranstaltung

---

* Ed Einsiedler (Mannheim) sagt: »Stimme dieser Meinung 100-prozentig zu. Bei uns in Mannheim litten wir darunter, dass niemand aus unserer Gemeinschaft länger als fünf Jahre hier wohnte. Am Anfang der Gründung beschäftigten wir uns mit der Frage: ›Wie ticken die Mannheimer?‹ – Wie reden sie? Wo gehen sie hin? Was ist ihnen wichtig? Erst dann kamen wir auf unseren Namen ›Daheim in Mannheim‹.«

** David Schäfer (Essen) sagt: »Auf der einen Seite richtig, echte Beziehungen sind wichtig, auf der anderen Seite hat Jesus auch nicht gesagt: Bleibt bei egal wem, sondern bei der Person des Friedens. Und er hat auch nicht gesagt: Bleibt lange bei jedem x-Beliebigen und lebt erst mal unter ihnen, lernt sie kennen, werdet Freunde – und dann nach und nach, wenn sie offen sind für das Evangelium, erzählt ihnen davon. Hier sollte man den Text nicht missverstehen.«

*** Dennis Bitterlin (Stans) sagt: »Die Leute werden ihre Herzen nur öffnen, wenn sie merken, dass du nichts von ihnen willst und sie einfach nur liebst, weil ein anderer sie noch viel mehr liebt. Bitte Jesus, dir zu zeigen, wie sehr er die Verlorenen liebt, und lass dir dieselbe Liebe schenken.«

doppeltes Spiel. Die wahre Agenda für den Abend kommt ans Licht und die Situation schmeckt komisch. Geht es nur um den Erfolg unseres Projekts? Die Bereitschaft, Menschen zu kennen und Leben zu teilen, ist elementar.[*] Das hängt an unsrer Großzügigkeit und unserer Bereitschaft, sich zu verschenken. Nur aus einer Quelle fließt Leben.[**]

Heilt die Kranken. Erzählt ihnen den Grund dafür. Geht auf die Nöte der Menschen ein. Bringt Gott ins Spiel, auch durch Aktionen. Es ist notwendig, dass sich Gottes Kraft zeigt. Und erklärt, was ihr glaubt. Hier kommt die lange Vorbereitung ins Spiel. Als Gesandte müssen wir mit Gottes Wirken vertraut sein, mit seinem Wesen und seinen Methoden. Steve Sjogren dazu: »Wir müssen darauf achten, wo die Gegenwart Gottes wirkt. Es geht weniger um Professionalität, sondern um das Wirken des Geistes Gottes. Da mitzumachen, wo Gott am Handeln ist – durch Heilung, durch das Wort, durch Beziehungen. Das Beste ist, wenn Menschen in deinem Leben vorbeischauen und die Gegenwart Gottes sehen. Dann kann man sie nicht mehr stoppen.«[***]

Geistliche Substanz und gelebte Hingabe sind die Voraussetzungen, um bei einer Gründung mitzuwirken. Wann immer es eine Gruppe gibt, die ehrlich und offen ihr Leben teilt und Gott Raum zum Wirken gibt, stehen die Chancen gut. So machten es die ersten Christen offenbar auch. Das schien der Weg der ersten Christen zu sein. Sie fanden nicht über Nacht 34 Millionen neue Anhänger (auch wenn man durch das Pfingstereignis zu dieser Sicht verleitet wird). Im Schnitt wuchs

---

[*] Christoph Schmitter (Würzburg) sagt: »Sehr gut! Sind wir bereit, Freundschaft um der Menschen willen zu leben, sogar dann, wenn diese sich möglicherweise niemals unserer Kirche und unserem Glauben zuwenden werden? Nur dann werden sie es vielleicht irgendwann tatsächlich tun. Und wenn nicht, haben wir dennoch wertvolle Freunde gewonnen.«

[**] Marcus Hausner (Albershausen) sagt: »Wenn ich an meine eigene geistliche Reise denke, war das lange einer der Stolpersteine, die mich abhielten missionarisch wirksam zu sein. Ich meinte, irgendwann ›muss‹ ich den Verkaufsprospekt zücken. Und vor lauter Unsicherheit habe ich den Prospekt entweder nie gezeigt oder viel zu früh. Heute erkenne ich mehr und mehr, wie Gott Menschen vorbereitet und diese zu einem bestimmten Zeitpunkt mit oder ohne Worte nach dem Prospekt fragen. Dann kann ich ihnen den auch in aller Ruhe erklären. Bis dahin hatten wir eine Menge Spaß und viele gute Essen.«

[***] Til Gerber (Mannheim) sagt: »Mir hat immer der Wert ›do first, then teach‹ von Jugend mit einer Mission gefallen. Es ist zwar sinnvoll, zuerst die Packungsbeilage zu lesen, bevor wir ein Möbelstück zusammenschrauben und ein Medikament schlucken. Hingegen ist das Missverständnis der Herrschaft Gottes vorprogrammiert, wenn wir uns ihr theoretisch annähern. Die Bilder, die ein Mensch zu den Begriffen Herrschaft und Gott hat, sind oft von Missbrauch geprägt. Eben darum braucht es zuerst die praktische Erfahrung von Offenheit und Verletzlichkeit sowie Beziehung und Heilung, bevor wir Gott und seine Herrschaft sinngemäß erklären können.«

die Gemeinde jährlich um 4 %. Wenn es eine Hausgemeinde mit 20 Christen gab, waren sie im nächsten Jahr 21. Und das Jahr drauf 22. Über einen Zeitraum von etwa 350 Jahren sorgte das für ein beeindruckendes Wachstum. Rodney Stark dazu:

> *Die Christen machten einfach viel richtig. Sie hatten das richtige Produkt – Gott ist Liebe und zuverlässig, und man konnte sich auf ein Leben nach dem Tod freuen. Doch vor allem hatten die Christen ein besseres Leben als alle anderen – den Frauen ging es besser, man kümmerte sich um die Armen und Verlassenen, und das alles in einer Gesellschaft ohne soziale Absicherung. Man fragt sich, warum nicht einfach alle Menschen sofort Christen wurden.*
>
> *All das war kein Zufall. Sie kümmerten sich umeinander, weil es ihnen so von Jesus aufgetragen worden war. Das war der Kern ihrer Botschaft. Wenn du andere liebst, dann liebst du Gott – in keiner anderen Religion gab es so eine Aussage. Der Kaiser Julian schrieb an die heidnischen Priester: »Die Christen kümmern sich sowohl um ihre Armen als auch um unsere. Wir müssen mehr Liebe zeigen, sonst lässt sich ihre Ausbreitung nicht aufhalten.« Aber was sollten die Priester tun? Sie hatten keine Ressourcen. ... Nichts konnte ihre Anhänger dazu bewegen, ihren Lebensunterhalt miteinander zu teilen. Bei den Christen gehört das dazu. Und wenn sie sich umeinander kümmerten, dann ging es allen besser.**
>
> *Damals waren die Städte auch sehr heruntergekommen. Die Menschen starben vergleichsweise jung. Die hygienischen Bedingungen waren schrecklich. Nur zum Vergleich: In New York wohnen heute 9400 Leute auf einem Quadratkilometer, in Antiochien waren es damals 45 000. Und das ohne moderne Bauten. Es gab keine Isolation, keine sanitären Anlagen. Das Leben wurde von Chaos, Angst und Brutalität bestimmt.*

---

* David Schäfer (Essen) sagt: »Das Problem ist, dass wir meines Erachtens heute im klassischen Gemeindemodell (sei es 100 Jahre alt oder vor 5 Jahren gegründet) dann wieder sehr nah beim jüdischen Bild sind: Leute gehen zum Gottesdienst, um eine geistliche Dienstleistung zu erhalten; vom gemeinsamen Tragen der Schwachen, (sowohl innerhalb der Gemeinde als auch außerhalb) sind wir weit entfernt. Das wird heute meist an das Sozialamt delegiert, innerlich fühlt sich da kaum ein Gemeindeglied wirklich verantwortlich.«

Mitunter traten Epidemien auf, an denen teilweise 30% der Bevölkerung starben. Der berühmteste Arzt der Antike – Galen – floh vor solch einer Epidemie aus Rom und blieb auf seinem Landhaus in Galatien. Die Christen blieben in der Stadt und kümmerten sich um die Kranken. Wer überlebte, begriff Gottes Liebe ganz neu.

Gelebte Hingabe. Geistliche Intensität. Hoher Echtheitsgrad. Das ist der erste von drei Faktoren, um Wirkung zu entfachen.

Martin Bühlmann spricht über seine Erfahrungen und darüber, was er heute anders machen würde: »Wenn ich mir heute einen Rat geben könnte, dann würde ich sagen: Take it easy! Wachstum kann man nicht machen, aber es hat Gründe. Gründe sind die Qualität der natürlichen Hingabe an Gott. Nicht erzwungene Spiritualität, sondern wirkliche Liebe zu Jesus!«[*]

IV – Die richtigen Fragen

Bill Hybels – »*Wie können wir einen Gottesdienst feiern mit Menschen, die Gott nicht kennen?*«[64]

John Wimber – »*Würde ich in diese Kirche gehen, wenn ich nicht angestellt wäre?*«[65]

Rick Warren – »*Welche Art von Gottesdienst wäre das beste Zeugnis für die Ungläubigen?*«[66] [**]

Tim Keller – »*Zu was für einer Kirche würde ein New Yorker gehen?*«[67]

---

[*] Christoph Schmitter (Würzburg) sagt: »Tatsächlich liegt der Hund der Wirkungslosigkeit des Christentums in unserer Zeit hier begraben: in unserem eigenen, oft eher schwachen geistlichen Leben. Mancher Christ möchte etwas verkaufen, was er selbst kaum lebt und erlebt. Wenn Mission und Evangelisation in einer Krise stecken, liegt das weniger an einer resistenten Gesellschaft, sondern daran, dass die Christen sich ihres eigenen Glaubens nicht mehr sicher sind. Die Kraft und Schönheit und Relevanz des Reiches Gottes wiederzuentdecken, in unserem eigenen Leben und in unserer Gesellschaft, scheint mir die Herausforderung des Christentums im 21.Jahrhundert zu sein.«

[**] Ed Einsiedler (Mannheim) sagt: »Find ich total herausfordernd. Ich wünsche mir mehr als alles andere, dass unsere Gemeinde wächst, weil die ansteckende Liebe und Gegenwart Gottes in unserer Mitte sind. Wachstum kann auch ohne die Gegenwart Gottes passieren, aber dann machen wir Menschen von uns abhängig, statt von Jesus.«

Leo Bigger (ICF) – »*Wie muss eine Kirche heute sein, wie muss sie aussehen, um den Bedürfnissen der Menschen dieser Generation gerecht zu werden?*«[68]
Ralf Berger (Freiburg) – »*Wie kann man den Leuten den Weg ebnen? Und wie kann man es gestalten, dass es für die Leute nicht peinlich oder unangenehm ist? Wo stehen die Leute?*«

Diese Fragen zeigen den Startpunkt von einigen der größten Gemeinden und Bewegungen unserer Zeit. Bill Hybels gründete seine Gemeinde aus dem Problem heraus, dass er seine Freunde nicht mit in den bestehenden Gottesdienst nehmen konnte. Tim Keller saß zwei Monate in New Yorker Restaurants, um die Menschen und ihre Bedürfnisse zu beobachten. Rick Warren zog zwölf Wochen durch Orange County, um die Menschen dort zu verstehen. Er sagt dazu: »Ich bin von Tür zu Tür gegangen und habe mit den Menschen geredet. Ich wollte hören, was ihre wichtigsten Probleme waren. Das hat nichts mit Marketing zu tun, sondern mit Freundlichkeit.«

Ralf Berger stimmt dem für seine Arbeit in Freiburg zu: »Die Gemeindegründungssachen gehen immer von Zielgruppen aus. Wir haben die Verpflichtung, zu überlegen, warum die Menschen nicht in die Gottesdienste kommen. Was sind die Gründe dafür? Und müssen wir denen nicht etwas anbieten? Und ich bin davon überzeugt, dass viele Leute dazu bereit wären, wenn dieser Gottesdienst innerhalb ihrer eigenen Kultur und relevant für ihr Leben ist. Dann werden Leute auch kommen, weil sie sagen: Das war es wert, dort hinzugehen. Es war nicht nur nett. Sondern es hat sich gelohnt.«[*]

> Das Umfeld verstehen und Freundschaften schließen

Gründer müssen also ihr Umfeld verstehen, auf Menschen reagieren, die für das Evangelium offen sind, und wirkliche Freundschaften eingehen. Tim Keller gründete im schwierigen Umfeld von New York City eine Gemeinde und beschreibt seine Erfahrung so:

---

[*] David Schäfer (Essen) sagt: »Das eigentliche Ziel ist also, dass Leute zu einem Gottesdienst kommen? Hört sich deutlich anders an als das, was Coleman am Anfang sagte. Unsere Programme (Gottesdienst u.Ä.) bringen uns doch eigentlich kaum dorthin, dass Menschen zu hingegebenen Jüngern werden, die alles für Jesus opfern, und zu Leuten werden, wie sie Wesley suchte.«

Wir haben recht früh gemerkt, dass es nicht reicht, wenn Christen Mitleid für die Stadt haben. Leiter und Mitarbeiter müssen demütig von New York City und seinen Bewohnern lernen. Unsere Beziehung zu den säkularen, gehetzten, klugen und ruhelosen Menschen aus Manhattan muss von Gegenseitigkeit geprägt sein. Wir mussten begreifen, dass Gottes Gnade auch in ihnen wirkt. Wir mussten lernen, dass wir sie brauchen, um durch sie Gottes Gnade besser zu verstehen; genauso wie sie uns dafür auch brauchen. Wir brauchten die Energie und den Reichtum der Stadt. Jesus selbst gab sich den Menschen hin, unter denen er diente, und in gewisser Hinsicht war auch er auf ihre Freundschaft angewiesen.[69]

Was für ein Statement! Am besten gleich noch einmal lesen. Es ist im Grunde die Aufforderung aus Lukas 10, mit den Menschen zu essen und nicht einfach vorbeizugehen.[*]

Als Besserwisser daherzukommen hat wenig Chancen auf Erfolg.[**] Leuten mit der Botschaft zu begegnen, dass sie verloren seien, falsche Prioritäten hätten und wir selbst überhaupt besser Bescheid wüssten, ist, nun ja, unklug. Als Christ läuft man Gefahr, seine eigene Sozialisation und Erfahrungen auf die Menschen zu projizieren.[***] Deshalb ist zunächst wichtig: Wen will ich erreichen? Und dann nicht nur zu fragen: Was finde ich wertvoll?, sondern auch: Was bewegt die Menschen? Was brauchen, hoffen und wünschen sie? Wie ist das Evan-

---

[*] Christoph Schmitter (Würzburg) sagt: »Am besten ein drittes Mal lesen! Denn das haben noch die wenigsten Christen verstanden. Wir sind nicht die ›Guten‹, die die ›böse Welt‹ vor dem Untergang retten. Sondern diese Welt ist in sich liebenswert und wertvoll und in ihr ist schon viel Gutes, das Gottes Gnade widerspiegelt. Die verächtliche Form, in der ich Christen oft vom ›Zeitgeist‹ reden höre, lässt mich vermuten, dass wir unsere Zeit und Gesellschaft nicht in der Form wertschätzen, wie Gott es tut und wie die Menschen es verdient haben.«

[**] Dennis Bitterli (Stans) sagt: »Wir sollten uns vor Augen führen, dass wir ohne Jesus genau so verloren wären. Aus dieser Perspektive wird sichtbar, wie unangebracht ein ›Ich hab es dir ja gesagt!‹ ist. Gerade in absolut selbstverschuldeten Problemen sollten wir den Menschen in Liebe beistehen, wie Jesus dies vorgelebt hatte.«

[***] Ed Einsiedler (Mannheim) sagt: »Richtig! Beobachten und zuhören sind total wichtig. Auch andere um Hilfe bitten kann eine Tür öffnen – wir müssen nicht immer den barmherzigen Samariter spielen. Unsere Nachbarn tragen schwarz, hören Metal und stehen auf Schwertkampf. Als sie mal einen Spielabend vorschlugen, stellte ich mich innerlich auf eine schwarze Messe ein. Beim Tabu-Spielen kam raus, dass die Nachbarin schon mal die komplette Bibel durchgelesen hatte und sich mit 14 freiwillig hatte taufen lassen. Muss mich immer wieder dran erinnern, dass ich zwei Ohren, aber nur einen Mund habe.«

gelium gute Nachricht für sie? Es mag sein, dass viele Gründungen scheitern, weil sie diese Fragen nicht zu Ende denken.*

Bei der Vorbereitung einer Gründung ist es hilfreich, über die Menschen vor Ort etwas zu wissen. Es gibt verschiedene Arten[70], die Menschen vor Ort verstehen zu lernen. Manche erheben Statistiken über Alter, Einkommen und Lebensverhältnisse. Andere lesen die Geschichte des Ortes. Und andere laufen durch die Nachbarschaft und machen sich Notizen über Häuser, Einrichtungen, Geschäfte und Treffpunkte. Man kann Leute interviewen und sie fragen, was sie sich für ihr Leben wünschen, welche Probleme sie haben und wie eine Kirche aussehen sollte, damit sie sie attraktiv finden. Man kann schauen, wo sich Leute versammeln, was ihnen daran zusagt und wie Gruppen und Geschäfte dort auftreten. All das hilft, um die Menschen besser beschreiben zu können. Und mit ihnen zu essen ist auch immer eine gute Option.**

Den Griechen vermittelten die Apostel Jesus als das Wort, den Juden als die Erfüllung des Gesetzes. Auch Jesus selbst kam zu den Menschen und sprach ihre Sprache. Er kam nicht jeden Tag von seinem himmlischen Zuhause eingeflogen, sondern hatte einen dauerhaften Wohnsitz bei denen, die er erreichen wollte. Paulus sprach auch davon, wie wichtig es sei, mit seiner Zielgruppe zu leben und ihre Bedürfnisse anzusprechen (1. Korinther 9,20-21).

V – Von Freund zu Freund

Die Ausbreitung des Christentums kann man damit vergleichen, dass man einen Tropfen Farbe in etwas Wasser gibt. Es beginnt an einem Punkt und zieht dann Kreise. Von Jerusalem aus breitete sich die Bewegung aus. Es dauerte seine Zeit, bis eine Gemeinde in Spanien entstand. Die Gemeinden schossen nicht wie Pilze aus dem

> Ein Tropfen Farbe in einem Glas Wasser

---

* David Schäfer (Essen) sagt: »Gute Fragen! Wichtige Punkte!«
** Dietrich Schindler (Witten) sagt: »Hier ist das Rollenverständnis des Gründers wichtig. Ein Gemeindegründer kommt grundsätzlich, um von den Menschen, die er für Christus erreichen möchte, zu lernen. Er hört zu, bittet sie ihm zu helfen, sie mit ihren Wertvorstellungen, Ängsten, Freuden und Träumen zu verstehen. Aus dem Zuhören entsteht Vertrauen und letztlich auch Führung Gottes.«

Boden, sondern entwickelten sich über Netzwerke von Beziehungen. Freunde bekehrten ihre Freunde. Ehefrauen ihre Ehemänner. Ehemalige Juden überzeugte Juden. In den meisten Fällen sprang das Feuer des Glaubens auf Menschen über, die einem Christen nahestanden.

Ein Netzwerk besteht aus Verbindungen zwischen Personen, genauso wie auf Facebook. Nicht alle Verbindungen sind gleich wichtig. Manche sind nur schwach ausgeprägt, oberflächliche Bekanntschaften. Starke Verbindungen haben wir nur wenige: Das sind Menschen, die wir regelmäßig sehen und mit denen wir Gedanken, Gefühle und Ereignisse teilen, also Angehörige und gute Freunde. In erster Linie breitet sich der Glauben entlang dieser starken Verbindungen aus.

Das gilt nicht nur für die Anfänge des Christentums, sondern auch für viele andere Religionen. Bei den Mormonen rekrutierten sich die ersten 23 Anhänger aus zwei Familien (11 Smiths, 10 Whitmers) und zwei engen Freunden. Beim Islam überzeugte Mohammed seine Ehefrau, deren Cousin, zwei Söhne und vier Töchter, drei Cousins, seine Tante und seinen besten Freund seit Jugendtagen Abu-Bakr, der wiederum seine Familie bekehrte. Und in der Bibel? Bitte schön ...

Mose arbeitete eng zusammen mit:
– Aaron (Bruder)
– Mirjam (Schwester)
– Jitro (Schwiegervater)
– Zippora (Ehefrau)

Zu Jesu Nachfolgern gehörten unter anderem:
– Maria (seine Mutter)
– Simon, Jakobus, Judas, Joses (Brüder/Cousins)
– Johannes der Täufer (Cousin)
– und zwei von dessen Anhängern (die Brüder Andreas und Simon Petrus)
– zwei weitere Brüder (Jakobus und Johannes / »Donnersöhne«)
– und deren Mutter Salome.

Starke Beziehungen sind der Weg, auf dem sich die Botschaft verbreitet. Zuerst kommen die Beziehungen und dann die Theologie.*
Das heißt nicht, dass Beziehungen alles sind. Es heißt, dass Menschen ihre Informationen über Gott aus Beziehungen ziehen. Sie sehen das Leben von Menschen, die ihnen nahestehen, und lassen sich dadurch überzeugen, sich darauf einzulassen. Dann erst entdecken sie die Theologie und stimmen ihr mit der Zeit zu. Kaum jemand hat vor seiner Entscheidung alles verstanden. Und kaum jemand kommt über sehr schwache Verbindungen dazu. Die ersten Christen fingen zum Teil erst nach der Taufe an, sich mit theologischen Fragen zu beschäftigen.[71]

Oikos ist das griechische Wort für Menschen, die gemeinsam in einem Haushalt leben. Das umfasst auch enge, starke Verbindungen. Und in den letzten Jahren wird wieder entdeckt, dass Evangelisation über *Oikos* schon zu biblischen Zeiten ein Hauptweg war. Damit sind nicht nur der engste Familienkreis gemeint, sondern auch Menschen, mit denen wir eng verbunden sind und regelmäßig Zeit verbringen. Wenn das Gründungsprojekt Veranstaltungen über Beziehungen stellt oder sehr distanzierte Personen erreichen will, gerät man möglicherweise auf den Holzweg. Christoph Schalk dazu: »Meine Einschätzung ist, dass konfrontative Sachen von der Effektivität gegen Null gehen. Vielleicht wirkt das nach innen in die Gemeinde, aber nicht nach außen.« Auch Martin Dreyer stimmt dem aus seinen Erfahrungen bei den Jesus Freaks zu: »Unsere Einsätze waren enorm hilfreich für die Identifikation der Gruppe, aber der Output war gering.« Effektiv evangelisieren, so Dreyer, könne man vor allem im Rahmen biblischer Lehre, wenn sich Menschen von der Begeisterung anstecken ließen.

---

* David Schäfer (Essen) sagt: »Paulus ist in Orte gegangen, wo er niemanden kannte. Jesus hat seine Jünger ausgesandt zu predigen, wo sie aufgenommen wurden. Da sollten sie bleiben, wo nicht, den Staub von den Füßen schütteln. Da lese ich so rein gar nichts von starken Beziehungen.
Mit Sicherheit: Glaube wird entlang Beziehungen (oder nennen wir es lieber Kontakte) weitergegeben. Wie stark die Beziehungen aber sein müssen, das ist nicht völlig klar. Ich habe zum Beispiel auch erlebt, dass Leute wesentlich offener waren, die ich persönlich nicht zu meinem engsten Freundeskreis gezählt hätte, während die, die ich dazu zählen würde, nur wenig offen waren. Ich habe mich sogar gewundert, wie viel Leute aus dem entfernteren Beziehungsgrad aufgenommen hatten. Mein Fehler war zu denken: Ich muss erst guter Freund werden, damit auf dieser starken Beziehung dann auch das Evangelium über die Brücke (der Beziehung) gehen kann.«

Vielleicht ist das der Erfolg der chinesischen Kirche. Oder von Untergrundkirchen allgemein. Sie haben den Fokus auf Beziehungen. Und sie wirken auf ihre Netzwerke ein. Eine andere Wahl haben sie nicht. Ein anderes Beispiel: Die Mormonen sind die schnellstwachsende Glaubensbewegung der letzten 50 Jahre. Eine Untersuchung zeigt, dass ihre Aktivitäten von Tür zu Tür fast nutzlos sind – nur ein Kontakt von 1000 führt zur Bekehrung. Wenn eine Person einen mormonischen Missionar um einen Termin bittet, bekehrt sich jede dritte Person. Am stärksten wirkt sich der Kontakt bei Freunden oder Verwandten zu Hause aus – dann bekehrt sich jede zweite Person. Trotz ihrer Aktivitäten von Tür zu Tür sind sich die Mormonen dieser Wirkung bewusst und nutzen gezielt die Strategie, Freundschaften einzugehen und zu entwickeln.[72] Erst Beziehungen, dann Theologie.

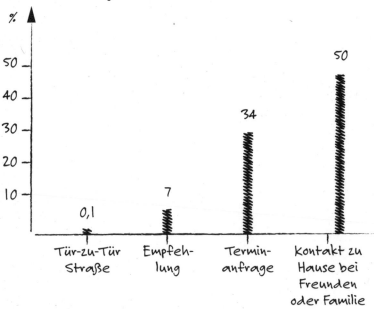

Noch ein Punkt zu Beziehungen. Es scheint eine besondere Art von Mensch zu geben, die auch in Lukas 10 erwähnt wird: die Person des Friedens. Gott hat sie darauf vorbereitet, das Evangelium anzunehmen. Sie ist nicht einfach ein guter Mensch, gastfreundlich und nett. Vielmehr ist in ihr ein Interesse an Gott gewachsen und sie ist offen für die Botschaft von Jesus. Darum hilft sie, dem Gemeindegründer den Zugang zu einem Ort oder Umfeld zu ermöglichen. Sie hat Beziehungen und einen Ruf, der diese Multiplikation ermöglicht. In der Gründungsphase sollte man sensibel sein und nach solchen Menschen Ausschau halten. Es nützt nichts, die gesamte Menschenmenge im Blick zu haben. Vielmehr sollte sich der Gründer auf die Beziehung zu einigen wenigen offenen Menschen konzentrieren.

Wie machte Paulus das? Wenn er in eine neue Stadt kam, ging er in die Synagoge. Er sprach mit Menschen, die seiner Einschätzung nach für das Evangelium offen waren und mit denen er leicht ein Gespräch anknüpfen konnte. Vielleicht hatte er die Engel-Skala im Hinterkopf, die 1975 von James Engel veröffentlicht wurde. Anhand verschiedener Schritte wird hier der Weg vom Unglauben zum Glauben dargestellt.[73] Es braucht Zeit und Geduld, bis eine Person schließlich Jesus nachfolgt. Und man braucht ein Gespür dafür, ob der Betreffende für den Glauben empfänglich ist. Paulus ging also dorthin, wo er offene Menschen vermutete. Mit interessierten Menschen redete er weiter über das Reich Gottes, verbrachte Zeit mit ihnen und legte so den Grundstein für eine neue Gemeinde.

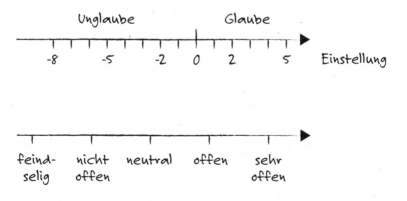

Rodney Stark bringt das mit einem Ratschlag auf den Punkt: »Du verschwendest deine Zeit, wenn du es über Medien und Massenveranstaltungen versuchst. Rekrutierung findet persönlich statt. Einer nach dem anderen. Jemand bekehrt sich und bringt seine Freunde und Nachbarn mit. Es ist ein Netzwerk-Effekt. So finden Bekehrungen statt: über persönliche Beziehungen und die Ausbreitung von Beziehungsnetzwerken.«

VI – Klare Kommunikation

Schon 1965 fiel einem amerikanischen Soziologen auf, dass manche Gemeinden wachsen, während andere stagnieren oder schrumpfen. David Kelley beobachtete, dass konservative Gemeinden in den USA wuchsen, wie zum Beispiel die *Southern Baptists* oder Pfingstgemeinden. Dagegen stagnierten oder schrumpften die liberalen oder »Mainline«-Gruppen wie die Methodisten, Episkopalkirche und andere. Er fragte sich daraufhin: Wie kann man das erklären? Sind die wachsenden Gruppen nicht strenger und damit auch anspruchsvoller?

Die Antwort, so Kelley: Sie mobilisieren die Leute besser. »Kraft und Wachstum resultieren aus der Fähigkeit, die Menschen um eine Botschaft herum zu mobilisieren.«[74] Sie haben eine Botschaft und diese Botschaft zeigt Wirkung. Sie war einfach und klar und zielte aufs Herz. Bei den Liberalen war die Botschaft zu kompliziert, indirekt oder hatte zu wenig Kraft und Wirkung. Rodney Stark bemerkte das ebenfalls, als er wachsende Gruppen in den USA untersuchte: »Die Prediger sprachen direkt das Herz an, während viele andere den Intellekt ansprachen … Sie haben auf der Kanzel nie professorale Vorlesungen gehalten, sondern die Menschen angefleht, sich zu bekehren … Die Prediger kamen meist aus einfachen Verhältnissen. Sie kannten die Probleme ihrer Mitmenschen. Die Predigten waren in einfacher, direkter Sprache – und sprachen die Menschen an. Auf hochgestochene Worte verzichtete man.«[75]

Warum ist die Sprache so wichtig? Eine klare Botschaft wird am besten in einfache Worte gekleidet. »Sie flehten die Menschen an, sich zu bekehren« – eine eindeutige Aufforderung also. Die Botschaft unterschied sich grundlegend von allen anderen Stimmen. Sie gab den

Menschen Antwort auf ihre Frage nach Sinn und Leben. Und weil die Prediger nah an den Leuten dran waren, bewegte sich etwas.

Die Botschaft wirkt und führt zu Hingabe und Engagement. Menschen sind dabei und bereit, sich einzusetzen. Die folgende Aufstellung von Kelley zeigt, welche Gemeinden viel fordern und wie sie wachsen. Wer mehr Ansprüche stellt, entwickelt mehr Energie. Kelley dazu: »Die Kraft durch intensive, freiwillige Hingabe ist langfristig die größte Macht auf Erden. Niemand kann das außer Religion. Kein Staat, keine Firma, kein Fernsehen.«

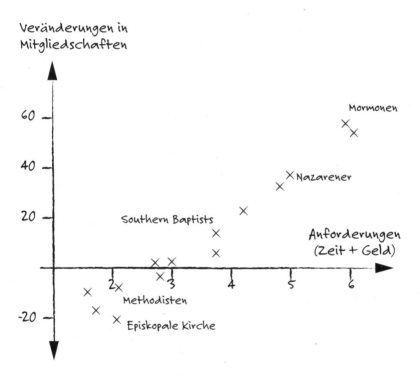

Neben der geistlichen Intensität und der Nähe zu den Menschen ist die Botschaft selbst entscheidend. Steffen Beck hat damit in Karlsruhe Erfahrungen gemacht: »Das Wachstum der Gemeinde hat mit der Aussagekraft der Predigt und Qualität der Inspiration zu tun, die vom Leiter ausgeht. Wie viel er zu sagen hat.« Die Botschaft, die im Lauf eines Gründungsprozesses vermittelt wird, muss klar und scharf umrissen sein. Gemeindegründer kennen das Evangelium und wissen, warum es wirklich eine gute Nachricht ist – für sie und auch für andere. Doch man muss diese gute Nachricht für Außenstehende »übersetzen«, um sie ihnen zugänglich zu machen.*

Bill Hybels bringt das klar auf den Punkt. Seiner Meinung nach bietet eine typische Kirchengemeinde entkirchlichten Menschen keinen Platz. Den normalen Sonntagsgottesdienst empfinden nur überzeugte Christen als normal.** Unsere Musik, unsere Kleidung, unsere Sprache, unsere Themen, die schlechte Qualität der Darbietung – all das bringt einen entkirchlichten Menschen dazu, »Nein danke, nichts für mich« zu sagen.[76] Alle Elemente in einer Veranstaltung prägen die Atmosphäre und legen damit fest, wie hoch die Schwelle für Ungläubige ist. Menschen kümmern sich weniger um die Logik oder Schönheit einer Botschaft. Sie entscheiden, wie sie emotional klarkommen und wie ein Treffen sich anfühlt.

> Alltagsrelevante Gottesdienste

Für Ralf Berger heißt das: »Wir wollen niederschwellig sein. Das heißt, keine besondere religiöse Sprache sprechen. Das ist ein wesentlicher Punkt bei uns – die Aussagen unseres Gottesdienstes sollen alltagsrelevant sein.*** Wenn wir einen Gottesdienst planen, auch im Team, dann fragen wir – was steckt im Text drin? Was sollen die Leute mit nach Hause nehmen für sich? Was sollen die Leute möglichst noch am Montagmorgen wissen? Wenn wir das den Leuten anbieten, dann werden Leute auch kommen, weil sie sagen – das hat sich gelohnt, dort hinzugehen. Es war nicht nur nett. Sondern es hat sich gelohnt.«

---

* Til Gerber (Mannheim) sagt: »Die unterschiedlichen Zitate ergeben ein recht spannungsreiches Verständnis von Klarheit: Stark & Co. betonen den herausfordernden Unterschied der Botschaft, Hybels & Co. deren angenehme Niederschwelligkeit. Das Geheimnis klarer Kommunikation liegt wohl in der Kombination beider Aspekte. Etwa so: ›Komm, wie du bist, aber bleib nicht, wie du bist!‹«

** Dennis Bitterli (Stans) sagt: »Wir haben uns als Kirche weit von der Welt abgesondert und fragen uns nun, wieso wir in der heutigen Gesellschaft keine Rolle mehr spielen. Wollen wir unsere Relevanz zurückgewinnen, müssen wir wieder mittendrin statt nur dabei sein. Die junge Gemeinde war am Puls des Lebens und verstand die Bedürfnisse, Nöte und Probleme der Menschen, wir sprechen manchmal nicht mal mehr ihre Sprache.«

*** Dennis Bitterli (Stans) sagt: »Ist eine Predigt nicht alltagsrelevant, wo soll ich sie dann umsetzen?«

Niederschwellig – das heißt, die Sprache der Menschen zu sprechen. Und es hat mit der Art von Treffen zu tun. Eine neu gegründete Gemeinde ist am Anfang immer klein. Und einen Fremden in eine kleine Versammlung einzuladen kann etwas Peinliches an sich haben. Frontale Gottesdienste eignen sich kaum für kleinere Gruppen. Viele Gründer nennen das die »kritische Masse«, ab der die Gruppe stabiler ist und öffentliche Veranstaltungen anbieten kann. Christoph Schalk dazu: »Die kritische Masse liegt im klassischen Ansatz bei 20 bis 30 Leuten. Vorher ist der Gottesdienst unattraktiv. Andere Arten von Gemeinden brauchen weniger Leute.« Sonst ist eine Veranstaltung zu wenig anonym. Fast alle kennen sich, und wer zum ersten Mal gekommen ist, fühlt sich fehl am Platz, etwa wie bei einer Tupperparty, wo man neben den sieben Schwestern und acht Brüdern der Gastgeberin der einzige Gast ist.

Die Leute erinnern sich am meisten an die Atmosphäre, die ihnen ein Treffen vermittelt. In kleinen Gruppen kann es zwar recht herzlich zugehen, doch ein offizieller Touch wirkt manchmal auch einschüchternd und peinlich. Wichtig ist gute Musik, denn sie prägt die Atmosphäre stark, und das bleibt bei den Menschen sofort hängen. Zu früh öffentliche Gottesdienste anzubieten ist also nicht hilfreich. Dann lieber Partys, Kleingruppen, interne Gottesdienste oder Alpha-Kurse. Die Events müssen zur Größe passen.

Tim Keller meint dazu: »Das Problem bei der Evangelisation ist das: Neue Christen haben die Connections zu ihren nichtchristlichen Freunden und gelten bei ihnen als glaubwürdig, aber sie haben nicht immer die Fähigkeit, die Inhalt zu erklären. Langjährige Christen haben die Inhalte, aber nicht die Verbindungen in der Welt. Der kritische Punkt in einer netzwerkenden Gemeinde ist das interne Selbstgespräch. Ein Christ wird zu einem ›Bringer‹, wenn er sich selbst sagt: ›Ich habe nichtchristliche Freunde und kann ihnen meinen Glauben nicht richtig erklären, aber dieses Event hier hilft‹, oder auch: ›Das hier gibt meinem Glauben Glaubwürdigkeit in meinem Umfeld.‹ Oder wenn er einen Freund mitbringt und dieser kommt wieder mit. Dadurch wird es ihm zur Gewohnheit, andere mitzubringen. Dafür allerdings muss der Gottesdienst verständlich und von hoher Qualität sein. Christen merken sofort, ob der Gottesdienst ansprechend für ihre nichtchristlichen Freunde ist. ... Der beste Weg, um Leuten zu ermöglichen, ihre Freunde mitzubringen, ist, so zu tun, als ob schon viele Skeptiker da sind. Und wenn du ›so tust als ob‹, dann werden sie auch bald kommen.«⁷⁷ *

Genauso läuft das auch in Freiburg. »Was die Leute über uns sagen: Unser Gottesdienst ist nicht peinlich, da kann ich Freunde mitbringen«, so Ralf Berger über die Entwicklung bei dreisam3. »Viele Christen würden gerne mal einen Freund mitbringen und zeigen, wie christlicher Glaube ist. Aber man tut es dann doch nicht, weil man denkt, das ist zu peinlich. Und wenn es einem selber schon peinlich ist, dann ist das schon fummelig. Dann nimmt man eine natürliche missionarische Kraft, die man hätte, und macht sie platt.«**

> »Unser Gottesdienst ist nicht peinlich, da kann ich Freunde mitbringen.«

Und was macht man jetzt in einer kleinen Gruppe? Das, was man kann. »Ich war bei einer kleinen Gruppe, die konnte mit Evangelisation nicht umgehen«, so Gemeindeberater Michael Winkler. »Ich wollte nicht weitergehen, bis sie das geklärt haben. Also habe ich ihnen gesagt: Arbeitet von der Stärke zur Schwäche. Ihre starke Seite war Gemeinschaft, und sie konnten Leuten inhaltlich etwas vermitteln. Also habe ich etwas alphamäßiges vorgeschlagen. Das haben sie gemacht und heute sind 30 von den 70 Leuten neu Bekehrte. Und das ohne Evangelisten. Sie haben von den Stärken zu den Schwächen gearbeitet.«***

---

* Christoph Schmitter (Würzburg) sagt: »Einer unserer Leitsätze für die Predigten in unserer Gemeinde lautet: ›Eine gute Predigt kommuniziert in der Alltagssprache unserer Zeit und Generation. Sie vermeidet Insider-Begrifflichkeiten, die nur dem christlich sozialisierten Mensch geläufig sind. Sie solidarisiert sich in ihrer Sprache und Wortwahl mit dem entkirchlichten Hörer unserer Zeit. In einer CC-Predigt kommt die Liebe zu unserer Welt und ihrer Kultur zum Ausdruck. Wir sind Kinder unserer Zeit und wir sind es gern.‹ Ich glaube, ein evangelistischer Prediger macht sich zum Anwalt des Skeptikers, schätzt kritische Fragen wert und macht sie zu den eigenen, hütet sich vor billigen Antworten und fordert doch zum Risiko des Glaubens und Handelns heraus.«

** Ed Einsiedler (Mannheim) sagt: »Die besten Sammler sind oft die, die selbst dem Glauben fern stehen. Sie laden ihre Freunde ein, weil sie von einer Sache begeistert sind, und tun es auf eine natürliche Art. Langjährige Gemeindekinder würden nicht mal jemanden zu einer Party der Gemeinde einladen, weil sie, wenn sie ehrlich sind, immer noch denken, dass Kirche (in welcher Form auch immer) peinlich und unattraktiv ist. Diese Erfahrung machten wir, als wir uns alle zwei Wochen in einer Kneipe getroffen haben. Obwohl es nur darum ging, Gemeinschaft zu haben (kein Lobpreis oder öffentliches Gebet), trauten sich nur die Kirche Fernstehenden, Freunde mitzubringen.«

*** Dennis Bitterli (Stans) sagt: »Es ist wichtig, dass wir ein gesundes Verständnis von den Gaben und den Diensten bekommen. Oftmals hört man: ›Ich bin eben kein Evangelist.‹ Das kann sein, aber es ist nicht richtig, dass Gott einen solchen Menschen nicht auch evangelistisch brauchen möchte und kann. Michael Winkler hat ihnen vorgeschlagen, ein Umfeld zu schaffen, in dem es für sie möglich und natürlich war, von Jesus zu sprechen. Ich glaube, dass dies ein Schlüssel ist.«

Oder man ist einfach mit den Leuten zusammen, isst gemeinsam,[*] diskutiert und feiert zusammen. Man ist miteinander unterwegs. »Ich sag euch etwas ganz Einfaches«, so Dallas Willard. »Predigt über das Reich Gottes. Das machen einfach viel zu wenige. Predigt, was Jesus gepredigt hat, und so, wie Jesus es gepredigt hat. Er hat keine große Show aufgefahren. Vielleicht müssen wir einfach etwas mehr Zeit mit Leuten verbringen, mit ihnen herumsitzen und über Gottes Reich reden. Und mit Zeichen und Wundern bestätigen.«[**]

Über Freundschaften breitet sich das Evangelium aus. Wer evangelisiert, lädt Menschen ein, das Reich Gottes zu sehen, zu beobachten, zu schmecken und für sich anzunehmen. Und wenn sie es annehmen, ist für sie die Zeit gekommen zu wachsen.

---

[*] Marcus Hausner (Albershausen) sagt: »So simpel es klingt, so mächtig ist es. Wir haben bei uns ein Jahr lang Menschen in einem sozialen Brennpunkt besucht. Nicht viel ist passiert. Dann nach einem Jahr gingen Türen und Herzen auf. Mit und für Menschen zu sein, ist eine große Botschaft an sich.«

[**] David Schäfer (Essen) sagt: »So ist es! Das bestehende System macht die Leute oft zu Konsumenten von ›religiösen Gütern und Dienstleistungen‹. Das ist eine meiner primären Kritiken an dem gottesdienstfokussierten Gemeindeformat.«

Kapitel 6

Empowerment

Es ist gut, dass ich gehe. – *Jesus* (vgl. Johannes 16,7)

I – Wer versteht Empowerment?

Phil Graf überquert an diesem Novembertag in Wuppertal die Straße. Mit seinem Rucksack über der Schulter wirkt er wie ein Jugendlicher, der nach der Schule nach Hause geht. Sein Alter ist schwer zu schätzen. Vielleicht 40. Oder 35. Oder 50. Vor einigen Jahren zog er mit seiner Frau – eine Köchin mit eigenem Catering-Service – und seinen fünf Teenagern von Kalifornien nach Amsterdam, »um ein paar Leute zu ermutigen und zu coachen«.

»Crazy Phil« nennen ihn seine Freunde. Er leitet den europäischen Zweig der Missionsgesellschaft *Christian Associates* und müsste eigentlich so verantwortungsvoll wie ein typischer Chef wirken. Dann kann es aber schon mal vorkommen, dass er bis morgens um vier eine Partie Poker spielt, »weil ein paar Freunde da waren. Es hat so viel Spaß gemacht und wir haben einfach kein Ende gefunden.«

> Pokerparty bis um drei Uhr morgens

Manchmal aber gibt es Momente, wo Phil sagt: »Ich muss mit dir reden.« Und er redet, was er in seinem Inneren spürt, mit einer Intensität und Schärfe, die vermuten lässt, dass er die Partie Poker um vier Uhr morgens sicher nicht verloren hat. »Wenn du etwas über Gemeindegründung schreibst – dann schreib was über Empowerment. Da gibt es fast nichts. Die Leute haben keine Ahnung, wie man jemand in die Selbstständigkeit führt.« Aha. Darum geht es also bei Empowerment: Menschen in die Lage zu versetzen, auf eigenen Füßen zu stehen. Und da sieht Phil jemand, den er eine Weile nicht getroffen hat, rennt hin und klatscht High Five.

Sein Schwiegervater Linus Morris ist der Gründer von *Christian Associates*. Der lebte in den 60ern in Kalifornien und fragte sich, wie man die »Baby Boomer«, die geburtenstarken Jahrgänge, für Jesus erreichen könnte. Er trainierte ein Basketballteam mit dem witzigen Namen *News Release* (»Pressemitteilung«) und ging mit ihnen jeden Sommer auf kombinierte Basketball- und Missionstrips nach Europa. Einen Sommer kamen sie nach Genf. Dort gefiel es ihnen so, dass Linus die Vision entwickelte, die internationalen Einwohner von Genf zu erreichen. 1980 zog er dann mit drei Familien in die Schweizer Stadt und gründete eine Gemeinde namens *Crossroads International*.

Die Gemeinde erreichte Menschen und wuchs. Allerdings war Linus nicht ganz zufrieden, denn einige Monate stagnierte das Wachstum. Wie könnte sich die Gemeinde weiterentwickeln? Und vor allem – wie könnte sie sich multiplizieren? »Wir waren noch nicht angekommen«, so Linus. »Wir wollten lernen, wie man eine Gemeinde weiter zum Wachstum führt und wie sie ihre Wirkung steigern kann.« Teile des Leitungsteams gingen dann 1984 auf Studienreise zurück in die USA, um dort wachsende Gemeinden zu untersuchen.

Zurück in Europa wollten sie die Erkenntnisse dann anwenden. Die Gemeinde in Genf war etabliert und stabil, und so zog Linus 1987 nach Amsterdam. Wieder mit drei Familien. Auch dort wollten sie Menschen erreichen, die sonst von niemand erreicht wurden. Auch dort klappte das recht gut und in den nächsten vier Jahren wuchs die Gemeinde auf 150 Menschen. »Damals haben wir gelernt«, sagt Linus, »wie wichtig Leiterentwicklung ist.[*] Gesunde Gemeinden brauchen gesunde Leiter. Also haben wir unser Hauptaugenmerk auf die Auswahl und Entwicklung von Leitern gelegt.« Sie gründeten sechs Gemeinden aus der Amsterdamer Basis heraus.

Auf der Webseite von *Christian Associates* sucht man vergeblich nach den Links zur Ursprungsgemeinde. Dort sind 30 Projekte in ganz Europa aufgelistet, jedoch nicht Amsterdam. »Das Gründungsteam bringt eine Vision, schafft Gemeinschaft, lebt einen Reich-Gottes-Lebensstil vor und setzt Leiter ein. Und dann – so bald wie möglich – geben wir die Leitung an ortsansässige Gemeindemitglieder ab.« Das

---

[*] Stefan Lingott (Heidelberg) sagt: »Linus würde mir wohl zustimmen, wenn ich hervorhebe, dass der Schwerpunkt beim Wort Leiterentwicklung auf der Entwicklung liegen muss. Leiter fallen nicht vom Himmel. Leiter werden nicht über Nacht geboren. Leiter werden auch nicht in Modulen zusammengebastelt. Echte, reife Leiter kommen aus der Praxis. Sie sind geschärft durch Erlebnisse und Erfahrungen. Sie entwickeln sich, während sie sich bereits engagieren. Jesus hat Leiter nicht anders entwickelt: On the job. Nicht im praxisleeren Raum, sondern im Alltag. Diese Erkenntnis hinterfragt allerdings, wie wir Leiter entwickeln (Konzepte, Programme) und wo wir dies tun (Räume, Orte).«

hört sich nach amerikanischer Kurzzeitmotivation an. Heute kommen über 2000 Personen in die Gottesdienste von *Crossroads International Amsterdam*. Es scheint funktioniert zu haben.

Zurück zu Phil. Warum gibt es ein Problem mit Empowerment? Eigentlich hört es sich doch so gut an: Die meisten Gemeinden wollen gerne fähige Mitarbeiter haben. Vielleicht liegt es daran, dass die Kosten hoch sind, diese Mitarbeiter zu fördern. Vielleicht fühlt sich mancher unersetzlich, und es fällt ihm schwer, das Heft aus der Hand zu geben und echte Freiräume zu schaffen. Manchen fehlt es möglicherweise an der Zeit und Energie, die es kostet, Menschen wirklich kennenzulernen und zu begleiten. »Die Pokernacht war wichtig«, sagt Phil. »Die kamen und wollten einfach etwas Zeit miteinander verbringen.[*] Und manchmal kommt dann um halb drei morgens zur Sprache, was sie wirklich beschäftigt.«[**]

Empowerment ist nicht nur wünschenswert, sondern hat direkten Einfluss auf das Wachstum einer Vision. »Dein Einfluss wird nur so weit wachsen wie die Tiefe deiner Leiterschaft – und wie deren Breite«, sagen die Führungsexperten Bob Logan und Tom Clegg.[78] Wenn die Vision nicht von anderen geteilt wird, wirkt sie nicht stark. Empowerment ist der größte limitierende Faktor im Wachstum – so wie Sonne für das Wachstum von Pflanzen. Ohne Sonne wächst keine Pflanze. Jesus sagte selbst: »Die Ernte ist reif« (Johannes 4,35). Also besteht die Möglichkeit, dass »die Ernte« eingebracht werden kann und Glauben sich ausbreitet. Wo liegt nun das Problem? »Der Arbeiter aber sind wenige.«

Es ist eigentlich erstaunlich, dass bei Jesus Großveranstaltungen kaum eine Rolle gespielt haben. Manchmal kam eine Menschenmen-

---

[*] Stefan Lingott (Heidelberg) sagt: »Das fasziniert mich immer wieder an Jesus, wenn ich lese, wie und wo und wann er seine tiefen Gespräche hatte: in der Mittagshitze am Brunnen, mitten in der Nacht am Lagerfeuer und wenn die wilden Partys ihren Höhepunkt erreicht haben. Er war nicht auf Gottesdienste angewiesen und ich gewinne auch nicht den Eindruck, dass er sich besondere Zeiten reservierte, in denen er ›evangelisierte‹. Stattdessen war er fast durchgängig offen für prägende Gespräche. Ein Leben mit Jesus kann nur 24 Stunden am Tag, 7 Tage die Woche gelebt werden. Zu Hause genauso wie in der Nachbarschaft, am Arbeitsplatz, im Fitnessclub oder in öffentlichen Verkehrsmitteln.«

[**] Hannelore Rus (Wien) sagt: »Wenn ich mir überlege, was die Menschen gemeinsam haben, die mir in meiner Entwicklung als Leiterin am meisten geholfen haben, dann ist es eine Sache: Sie haben an mich und mein Potenzial geglaubt. Sie haben sich nicht nur für meine Begabungen interessiert und das, was ich beitragen kann, sondern mich als ganzen Menschen wahrgenommen. Mit diesen Leitern lachen und abhängen zu können war genauso wichtig, wie tiefe Gespräche zu führen. Das hat es leicht(er) gemacht, auch Korrektur anzunehmen, weil sie auf den Boden von Beziehung fiel.«

ge zusammen, und die waren auch oft beeindruckt von Jesus. Doch Jesus schien nie daran interessiert, sie zu organisieren oder die Energie der Masse für »eine Bewegung« einzusetzen. Er konzentrierte sich auf seine Kerntruppe. Mit ihnen hat er Zeit verbracht. Ihnen hat er Dinge erklärt. Mit ihnen hat er über die Zukunft geredet.[*]

»Wir wollen Gemeinden gründen, die selbstorganisiert, selbstfinanziert und selbstreproduzierend sind«, meint Phil. Damit spricht er das »Drei-Selbst-Prinzip« an, das Missionar Henry Venn vor über 100 Jahren formulierte. Ihm fiel damals das Problem auf, dass die britischen Missionare häufig ihre Kultur mit in die Missionsfelder nach Asien brachten und viele Menschen dort zu »Reis-Christen« wurden. Das waren die Einheimischen, die so lange Christen waren und sich loyal verhielten, wie sie kostenlose Lebensmittel bekamen. Das war natürlich nicht gut. Venn meinte, die Missionare sollten eher darauf abzielen, Hilfestellung zu geben und nicht in erster Linie Gemeinden zu bauen, sondern geistliche Gaben zu entwickeln und Leiterschaft zu fördern. Die Gemeinde entwickelt sich dann aus eigener Kraft weiter. Phil Graf: »Wir wollen keine dauerhafte Leitung in einem lokalen Projekt. Wenn das Projekt sich selbst führen kann, ziehen wir uns zurück und und nehmen unsere Funktion als Berater und Freunde wahr.«

> Selbstorganisiert, selbstfinanziert und selbstreproduzierend

Gesagt, getan. Bald nach der Begegnung in Wuppertal packt Phil seine fünf Kinder und Siebensachen und zieht nach Lissabon. Dort will er mit Freunden zusammen eine neue Gemeinde starten und »ein paar Leute ermutigen und coachen«.

II – Den Weg frei machen

»Ich war der Leiter von *Jugend für Christus* in Ventura County«, berichtet Phil Graf über seine frühen Jahre. »Unser Hauptquartier lag in

---

[*] Stefan Lingott (Heidelberg) sagt: »Wow, wenn man das mal zu Ende denkt, dann stellt das die oft gelebten Ziele auf den Kopf: Wachstum hat ein Ziel und es ist nicht die Größe! Es ist Reife! Reife führt zur Reproduktion. Wo sich reife Organismen reproduzieren, entsteht gesunde Multiplikation. Das Prinzip Jesu lautet offensichtlich: Fruchtbarkeit. 30-fach, 60-fach, 90-fach. Kurz: Multiplikation durch Investition in die Reife von denen, die einem so nah sind, dass man wirklich Leben teilen kann!«

einer armen Gegend mit überwiegend lateinamerikanischen Bewohnern. Wir wollten jugendliche Straftäter aus den ärmeren Schichten erreichen, die von keiner anderen Kirche erreicht wurden. Ich wusste, dass ein Weißer die Organisation nicht dahin bringen könnte, wo Gott sie haben will. Also habe ich nach dem dynamischsten, nichtweißen, nichtmännlichen Jugendarbeiter gesucht, den ich finden konnte. Ihr Name war Betty Alvares. Sie lebte auch in Kalifornien, aber viel weiter südlich.«

»Ich ging zu ihr und sagte: ›Ich will, dass du der Dienstkoordinator wirst.‹ Und sie entgegnete: ›Nein!‹ Ich sagte: ›Du kannst nicht Nein sagen, bete wenigstens darüber.‹ Sie meinte: ›Ich will nicht darüber beten.‹ Aber sie hat es doch getan. Und sie kam nach Ventura County und übernahm die Position.«[*] Phil Graf beschreibt den Prozess, den er als wesentlich für Jüngerschaft ansieht. *Get into people's way* – stell dich Leuten in den Weg. So wie Jesus das gemacht hat. Er kam einfach, hat Leute berufen und ihr bisheriges Leben umgekrempelt. Das ist ein wesentlicher Schritt im Jüngerschaftsprozess – die Prioritäten durcheinanderzubringen und neu zu ordnen.[**]

»Sie war wunderbar«, sagt Phil weiter. »Zwei Jahre später hatte ich das Gefühl, dass Gott mich von *Jugend für Christus* wegrief. Wohin, wusste ich nicht. Ich sagte: ›Betty, ich muss gehen. Ich kann diese Entscheidung nicht treffen, aber ich schlage dich als meine Nachfolgerin vor.‹ – ›Ich will den Job nicht‹, meinte sie. Ich erwiderte: ›Du wolltest schon den jetzigen Job nicht. Die Frage ist: Was will Gott?‹« Phil erklärt den zweiten wichtigen Wendepunkt im Jüngerschaftsprozess. *Get out of people's way* – Mach den Weg frei, so wie Jesus es

---

[*] Hannelore Rus (Wien) sagt: »Manchmal sagen die fähigsten Leute ›Nein!‹, wenn man sie in eine Leitungsposition einlädt. Aber es lohnt sich, dranzubleiben und wieder zu fragen. Bei einem Ehepaar in unserem Leitungsteam musste ich über Jahre hinweg dreimal fragen, bis sie zusagten. Zweimal hatten sie gerade erfahren, dass sie schwanger sind, und abgesagt. Aber ich wusste, dass das Leitungsteam ihr Platz ist, und so gab ich nicht auf. Beim dritten Anlauf hat es geklappt – und es hat sich gelohnt, weil sie optimal ins Team passen.«

[**] Stefan Lingott (Heidelberg) sagt: »Ich empfinde solche Momente, in denen Menschen sich aufgrund von Impulsen von mir positiv verändert haben, als die genialsten in meinem Leben. Allerdings stelle ich rückblickend fest, dass es immer Momente waren, in denen ich etwas riskiert habe. Es gehört schon Mut dazu, anderen in die Quere zu kommen und Wahrheit in ihr Leben zu sprechen oder sie herauszufordern, ihr Leben im Sinne Gottes umzukrempeln. In einer Gesellschaft, die so viel Wert auf Individualismus und Selbstverwirklichung legt, beinhaltet ein solches Verhalten das Risiko der Ablehnung und noch mehr. Phil und jeder, der so mutig ist, anderen in die Quere zu kommen, erlebt es, wie Paulus es erlebt hat (Kolosser 1,24–2,1).«

getan hat. Er teilte sein Leben mit seinen Jüngern und dann war es Zeit zum Gehen. Und er ging. So findet Jüngerschaft ihr Ziel: indem man Praktiken weitergibt und Freiraum schafft, sie in die Tat umzusetzen.

»Jetzt, nach 15 Jahren, ist Betty noch immer die Leiterin dieses Werkes«, sagt Phil. »Ich habe sie da nicht hineingedrängt, sondern ihr ermöglicht, das zu werden, was Gott für sie vorhatte. Ich habe sie lediglich ermutigt, ihr aber dann den Weg frei gemacht, sodass sie den Raum ausfüllen konnte. Die letzten 15 Jahre waren wunderbar – es hat sich mehr entwickelt, als ich mir je hätte träumen lassen.«

Eigentlich fasst Phil hier den Inhalt eines 1963 erschienenen schmalen Bändchens zusammen, verfasst von einem bis dahin völlig unbekannten Autor. Der Grandseigneur der amerikanischen Christen, Billy Graham, sollte darüber später sagen: »Kaum ein Buch hat einen so großen Einfluss auf die Evangelisation der Welt in unsrer Generation gehabt wie dieses.« Phil Graf gibt dieses Büchlein allen seinen jungen Leitern. »Wir kopieren Teile daraus«, so Phil, »und lassen den Titel weg, damit die jungen Leute das auch lesen. Dann sind sie immer geschockt, wenn wir ihnen die Quelle und den Titel verraten. Colemans *Des Meisters Plan der Evangelisation* ist wirklich hilfreich trotz des abschreckenden Titels.«

Coleman behandelt in seinem Klassiker acht Phasen im Dienst Jesu – von der Auswahl seiner Jünger bis hin zu dem Punkt, wo sie selbst Verantwortung übernehmen. Jesus geht auf den einzelnen Menschen ein und verzichtet zunächst darauf, Menschenmassen anzusprechen. Er achtet darauf, wie der Lebensstil der Menschen aussieht, die mit ihm zu tun haben. Er verbringt Zeit mit ihnen und ist stets ansprechbar. »Wissen wurde über Beziehung vermittelt, später erst erklärt«, schreibt Coleman. Und der Prozess war darauf ausgerichtet, dass der Leiter sich entbehrlich macht.[*]

Wir gehen alle irgendwann. Keiner ist unendlich und unersetzbar. Jesus selbst sagte: »Es ist gut, dass ich gehe.« Als er genug Zeit mit seinen Jüngern verbracht hatte, bereitete er sie auf seinen Abschied vor. Offenbar war das von Anfang an sein Plan gewesen. Bei Gründung sollte eine ähnliche Gesinnung zutage treten. »Wir werden alle

---

[*] Stefan Lingott (Heidelberg) sagt: »Die zwei vielleicht entscheidendsten Voraussetzungen für intensive Beziehungen sind Zeit und Nähe. Wofür verwendest du deine Zeit? Wen lässt du an dich ran und in dein Leben?«

irgendwann ersetzt«, sagt Andy Stanley. »Der weise Leiter ist sich dessen bewusst und erweitert seinen Einfluss, indem er seine Nachfolger ausbildet.«[*]

Billy Graham wurde einst gefragt, was er als Pastor machen würde. Seine Antwort: »Ich würde als Erstes acht, zehn oder zwölf Leute um mich sammeln und mich jede Woche einige Stunden mit ihnen treffen. Sie sollten bereit sein, den Preis zu zahlen und Zeit zu investieren. Ich würde mit ihnen im Lauf der Zeit alles teilen, was ich habe. Und nach einer Weile hätte ich zwölf Leiter, die die Gemeinde prägen. Sie würden dann wieder acht, zehn oder zwölf Leute suchen. Ich kenne ein paar Gemeinden, die das gemacht haben – und es hat die Gemeinde auf den Kopf gestellt. Christus ist hier das Vorbild. Er hat die meiste Zeit mit den zwölf Jüngern verbracht.«[79] [**]

> Christus hat die meiste Zeit mit den zwölf Jüngern verbracht.

Paulus folgte dieser Logik, als er sagte: »Was du von mir gehört hast, das sollst du auch weitergeben an Menschen, die vertrauenswürdig und fähig sind, andere zu lehren« (2. Timotheus 2,2; NLB). Er lehrte Menschen, damit diese andere lehren und sie wiederum weitere. Vormachen, Werte weitergeben – so nannte das Carl Tuttle. Man sammelt Menschen um sich, lebt bewusst mit ihnen zusammen und lässt sie schrittweise immer mehr mitmachen. »Jesus wollte, dass seine Jünger seine Stellvertreter waren«,[80] so Coleman. Es beginnt mit

---

[*] Carmelina Trapani (Mannheim) sagt: »In meinem Italienurlaub durfte ich in Pisa gigantische Kunstwerke sehen. Diese wurden über Hunderte von Jahren geschaffen. Da stellte ich mir die Frage, warum die Architekten dies gemacht haben. Sie haben gewusst, dass sie zu ihren Lebzeiten nicht fertig werden würden, und trotzdem haben sie sich diesem Projekt verschrieben. Oft standen sogar die Pläne nicht fest, das heißt, mehrere Generationen und Architekten verändern bis heute noch das Kunstwerk.«

[**] Stefan Lingott (Heidelberg) sagt: »Wie hat Jesus seine Nachfolger ausgebildet? Verblüffend, dass er all den Dingen, auf die wir in der Nachfolger- und Leiterausbildung gesteigerten Wert legen, so wenig Bedeutung zugemessen hat: Er hat weder ein Curriculum für einen Uniabschluss entworfen noch einen Kurs über ansteckendes Christsein durchgeführt. Stattdessen hat er Räume für Lernerfahrungen eröffnet. Manche dieser Erfahrungen waren für die Jünger dann unglaublich motivierend, andere super frustrierend. Aber alle wurden gemeinsam mit Jesus reflektiert. Die Ausbildung geschah also genau dann und dort, sozusagen ›on the job‹. Eine These als Schlussfolgerung für uns: Leuten Informationen zu geben, ohne dass sie diese zeitnah mit tatsächlichen Erfahrungen direkt in Verbindung bringen können, ist uneffektiv.«

diesem Blick für die Multiplikation. Sich ersetzlich machen.* Das ist eine Einstellungssache. Coleman weiter: »Alles sollte darauf hinarbeiten, dass diese Männer und Frauen ihren Platz einnehmen und dort Wirkung entfalten.«[81] Methoden oder Techniken helfen, aber im Kern geht es um die Grundhaltung.**

III – Charakter

Was macht jemand mit dieser Grundhaltung anders? Es gibt viele Prioritäten – wo soll jemand also anfangen, der das Ziel hat, sich ersetzlich zu machen? Ein guter Charakter ist der erste Schritt für jemanden, der Verantwortung übernehmen will. Das bedeutet, sich an Jesus zu orientieren, ihm nachzufolgen und seinen Glauben voller Hingabe zu leben. In den Paulusbriefen sind es die charakterlichen Eigenschaften, die für prägenden Einfluss in der Gemeinde wichtig sind (1. Timotheus 3,2-10): ohne Tadel sein, sich um die Familie kümmern, gastfreundlich sein und so weiter. Nichts Kompliziertes oder besonders Anspruchsvolles, sondern eine charakterliche Haltung, die sich im Alltag zeigt.

Diese Haltung erwächst aus der Botschaft Jesu und daraus, dass man sich von anderen Menschen prägen lässt, die ihm nachfolgen. Jesus nachzufolgen ist kein Projekt, sondern ein Lebensstil der Hingabe, des Gehorsams und des Dienens. Dazu braucht es die Predigt und das Hören auf das Wort, um den Jüngerschaftsprozess in Gang zu setzen. Alan Hirsch: »Jüngerschaft bedeutet, Gott zuerst und am meisten zu lieben. Und dann alles in diesem Lichte zu lieben.« Seine Identität, sein Glück und seinen Selbstwert in Gott zu finden.

Warum lassen sich so viele Christen nicht auf diesen Prozess ein? Der amerikanische Autor Dallas Willard antwortet darauf: »Man kann die Botschaft Jesu nicht verstehen, wenn man nicht beachtet, wie er gelehrt hat. Er hat eben die Dinge nicht systematisch dargelegt. Er

---

* Til Gerber (Mannheim) sagt: »Jesus hatte sogar die Absicht, dass seine Jünger größere Werke als seine tun (Johannes 14,12)! Ich stelle mir vor, wie Leute zu mir kommen und sagen: ›Danke, dass du dich ersetzen ließest, dein Nachfolger kriegt das noch viel toller hin als du!‹«

** Carmelina Trapani (Mannheim) sagt: »Für den Leiter bzw. Visionsträger bedeutet dies, festzuhalten und gleichzeitig loszulassen. Eine Spannung, die oft sehr mühselig erscheint.«

lehrte, indem er auf die Grundannahmen der Menschen zielte und damit ihre Luftschlösser zerstörte. ... Das ist der Hauptpunkt: die Grundannahmen zu identifizieren, die die Leute bremsen. Charles Finney sagte, die Hauptaufgabe des Leiters sei es, die Annahmen der Leute zu verstehen, mit denen er spricht. Welche Annahmen behindern Wachstum und Fortschritt? Wir müssen wissen, wie es sich die Leute in ihrem Kopf eingerichtet haben.«[82]

Von der Oberflächlichkeit an die Substanz – das ist der Weg der Jüngerschaft. Gott an die Dinge heranlassen, die unser Denken formen und Identität und Sinn stiften. Von der äußeren Begeisterung für Jesus hin zu einem Lebensstil der Hingabe und radikalen Liebe. Und man braucht Zeit und Ehrlichkeit, wenn man tiefer gehen will. Vielleicht ist deshalb die Pokerparty um drei Uhr morgens wichtig. Vielleicht ist Intensität wirkungsvoller als Regelmäßigkeit. Sich ein Jahr lang jeden Mittwochabend zu treffen ist vielleicht nicht so wirkungsvoll wie zwei Wochen zusammen unterwegs zu sein. Jeder Jugendpastor weiß, dass sich Jugendliche an einem Wochenende oder auf einer Sommerfreizeit von Grund auf verändern können.*

> Intensität ist vielleicht wirkungsvoller als Regelmäßigkeit

Es ist die Bereitschaft, den Alltag um Gott herum zu ordnen. Bei einer Gründung bietet sich hier eine besondere Chance. Da die Gruppe klein und der Auftrag klar ist, ist man intensiv beisammen und hat Zeit füreinander. Die Grundhaltung der Nachfolge lernt man nur durch das vorgelebte Beispiel. Und durch Lehre. Und durch Gespräche. Das Umfeld prägt. Das war auch der Weg Jesu: gemeinsam unterwegs zu sein.**

---

* Jan von Wille (Mainz) sagt: »Für die Prägung von Charakter ist Regelmäßigkeit jedoch unverzichtbar. Ich führe seit vielen Jahren Leiterschaftstraining in kleinen Gruppen durch, die auf ein Jahr angelegt sind. Erst in diesem Zeitraum sind dann – wenn es gut geht – neue Gewohnheiten entstanden, die tragfähig sind.«
** Carmelina Trapani (Mannheim) sagt: »Diesen Punkt unterstreiche ich total. Vorleben – das ist für mich der entscheidende Punkt, der mich am meisten verändert hat und bei dem ich sehe, dass ich Menschen am meisten berühren konnte. Zu sehen und zu erleben, wie andere mit schwierigen und leichten Dingen im Leben umgehen beziehungsweise was sie aus ihrem Leben machen, bringt einen zum Nachdenken. Dennoch ist es nicht alles. Es müssen weitere Schritte folgen.«

IV – Ethos

Wenn man einen Weinkenner fragt, wie er zum Wein gekommen ist, hört man selten eine Auskunft zur chemischen Zusammensetzung oder konzeptionellen Analyse von Anbaugebieten. Fast immer wurde der Betreffende von einem anderen Weinliebhaber mit seiner Leidenschaft angesteckt, der ihm seine Vorlieben zeigte und damit die Liebe zu einem höchst komplexen (und genüsslichen) Geschmackserlebnis weckte.

Jemand hat einmal gesagt: *Values are caught, not taught* – Werte werden übernommen, nicht gelehrt. Das geschieht durch Abschauen. Man übernimmt Werte durch Reibung. Manches muss man sich auch erklären lassen. Viel prägender noch als Worte sind aber Vorbild und Haltung, die man übernimmt. Wenn ich über Masern rede, aber Mumps habe, welche Krankheit bekommen dann meine Kinder? Doch diejenige, an der ich tatsächlich leide, nicht die, über die ich rede. Der Charakter der Leiter und der Gruppe fallen dabei mehr ins Gewicht als manche Wunschvorstellung. Das Leben prägt die anderen. Alles ist Vorbild. Menschen orientieren sich an ihrem Umfeld. Was die anderen machen, das übernimmt man dann irgendwann auch. Das färbt ab.

»Vorleben – das ist für mich der entscheidende Punkt.«

Der amerikanische Pastor Erwin McManus hat dies erkannt und meint: »Über die Jahre ist mir aufgefallen, dass die Hauptaufgabe eines Leiters die Entwicklung des Ethos ist.« Mit Ethos meint er die Kultur und Stimmung einer Gruppe. Es ist das Gefühl, das in der Luft liegt und die Kultur prägt.* Eine gemeinsame Haltung, das Ansichten, Verhalten und Praktiken einer Gruppe bestimmt. Das ist natürlich in einer neuen, kleinen Gruppe leichter. Vielleicht hatte sich Jesus deshalb für eine kleine Gruppe entschieden und so viel Zeit mit ihnen

---

* Carmelina Trapani (Mannheim) sagt: »Genau dieses Thema hat mich auch sehr beschäftigt. Mit der Gründung einer eigenen Familie, einer neuen Wohngemeinschaft oder einer Gemeinde hat man die Möglichkeit, neue Kulturen zu etablieren und sich aus erlebten und vergangenen Kulturen etwas zu lösen (ganz geht das nie). Eigentlich ist das leicht, kostet jedoch Mut, da neue Kulturen für Menschen zu Beginn oft schwer anzunehmen sind. Genau das reizt mich an Gründungen, sei es beruflich, sozial oder in meinem eigenen Leben.«

verbracht. Dann konnte ein Ethos entstehen, das stabil genug war, um die Zukunft der Kirche darauf zu bauen.*

Übrigens: Das Ethos setzt sich mit der Zeit fest. Gewisse Annahmen und Praktiken verfestigen sich, genauso wie eine gewisse Grundstimmung. Deshalb sind auch Veränderungen in Organisationen und Gemeinden so schwierig. Nur wer das Ethos ändert, kann die Organisation ändern. Da sind Gründungen im Vorteil. Nach den ersten Jahren verfestigt sich jedoch auch hier die Grundhaltung und die Atmosphäre ist geprägt – hoffentlich auf eine gute Art, denn sonst mag man seine eigene Gemeinde nicht mehr. Und kann sie wohl auch nicht mehr so leicht ändern.

Ethos ist ein Resultat der gemeinsamen DNA. Das haben fast alle Gründer in den Interviews als wesentlich betont. Sich verstehen. Einen gemeinsamen Rhythmus haben. Wenn Gründungen gescheitert sind, dann häufig an unterschiedlichen Auffassungen im Hinblick auf Kernwerte und Praktiken. Erwin McManus dazu: »Ethos beschreibt, wie eine Gruppe die Realität empfindet ... Ethos entsteht, wenn viele Einzelne Entscheidungen treffen, die zu einer gemeinsamen Richtung führen. Dann prägt es das Bewusstsein der Gruppe. Und wenn etwas passiert, dann empfinden das die meisten ähnlich.«

Die gemeinsame Bewegung entsteht aus ähnlichen Werten, die man miteinander lebt. Wenn sie gegenseitig wahrgenommen werden, verstärken sie sich und führen zu Momentum. Dinge greifen ineinander und die Atmosphäre prägt alle, die dazukommen. So wie man eine Sprache durch sein Umfeld lernt, so lernt man die DNA durch gelebte Werte. »Werte dürfen nicht nur ein intellektuelles Statement sein«, so Alan Hirsch. »Sie müssen zu gemeinsamen Praktiken werden. Wir empfehlen Leuten immer, ihre Werte mit dazu passenden Handlungsweisen zu verbinden ... Man nimmt die Kernwerte und schreibt sie auf. Dann überlegt man zusammen: Welche Aktionen würden diesem Wert ein Gesicht geben? Wie können wir diesen Wert unter uns

---

* Til Gerber (Mannheim) sagt: »Dass Jesus insbesondere auf Petrus gebaut hat, scheint also aller Logik zu widersprechen: Der Apostel verleugnet seinen Meister und legt damit wenig von dessen Liebesethos, sein Leben für seine Freunde zu lassen (Johannes 15,12f.), an den Tag. Und ein solch unbeständiger Charakter wurde dann doch zu einer der ›Säulen‹ (Galater 2,9) der Jerusalemer Gemeindegründung? Wie gut, dass uns dieses Beispiel daran erinnert, dass alle geistliche Frucht und Begabung immer von Gottes Kraft und Gunst abhängt! Und gerade diese Erkenntnis weist mich auf die Ersetzbarkeit meines (egal wie wichtigen) Einflusses in der Gemeinde hin!«

ausleben? Je näher die Praktiken am Alltag dran sind, desto besser. Wenn zum Beispiel eure Gruppe Anbetung schätzt, sagt nicht einfach: Wir schätzen Anbetung. Sucht nach alltagstauglichen Möglichkeiten, wie ihr als Gemeinschaft Anbetung leben könnt.« [83]*

Ethos ist der Rahmen, in dem man andere befähigt. Zuerst kommt das Leben, dann das Wirken. Charakter und gemeinsame DNA sind die Grundlagen, um sich überflüssig zu machen.**

V – Multiplizieren

Wenn die Grundlagen stimmen, kann Empowerment stattfinden. In jeder Art von Ausbildung gibt es einen Prozess, der Menschen in ihren Fähigkeiten wachsen lässt. Man muss viele Schritte gehen, um von einem Anfänger zu einem Verantwortungsträger heranzuwachsen.

Nehmen wir als Beispiel das Autofahren. Die meisten Teenager können kaum erwarten, ihren Führerschein zu machen. Autofahren sieht leicht aus. Die Eltern machen das doch ständig und daher muss es machbar sein, denken sie sich. Jeder Teenager war schon mehrere Zehntausend Kilometer im Auto unterwegs. Am Anfang sind sie etwas übermütig, sie trauen sich viel zu, haben aber nur geringe Kompetenz. Man glaubt, man kann eigentlich schon Auto fahren – bis man das erste Mal anfahren muss. Wer schafft das schon beim ersten Mal? Der Fahrlehrer muss viel erklären und klare Ansagen machen.

> Man glaubt, man kann eigentlich schon Auto fahren – bis man das erste Mal anfahren muss.

Die ersten ein oder zwei Fahrstunden sind dann recht ernüchternd. Auf jedem Parkplatz, an jeder Ampel säuft der Wagen ab. Anfahren ist schwierig. Und dann all die Schilder, Anweisungen, der Verkehr. Der Führerschein rückt plötzlich in weite Ferne. Kann man das überhaupt

---

* Stefan Lingott (Heidelberg) sagt: »Ethos wird nicht gelehrt oder in Statements oder Programmen vermittelt. Es wird vorgelebt und ist ansteckend. Und Ethos wird durch Entscheidungen geprägt. Entscheidungen darüber, was im Alltag als wichtig erachtet wird. Welches Verhalten ist für die Gruppe charakteristisch, was wird sanktioniert? In schwierigen Situationen zeigt sich am Leiter, welches Ethos er und die Gruppe leben.«

** Hannelore Rus (Wien) sagt: »Das Erstaunliche ist, dass die Werte, die eine Gruppe wirklich lebt, von den Leitern kaum mehr kommuniziert werden müssen, weil sie das Leben der ganzen Gruppe durchdringen. Es ist wie ein guter Geruch, den die gesamte Gruppe verströmt, er ist einfach da. Neue, die dazukommen, riechen sofort, worum es geht.«

schaffen? Der Übermut schlägt in Ernüchterung um – zur geringen Kompetenz kommt jetzt geringe Zuversicht. Und das ist auch richtig so. Man kann ja noch nichts. Der Fahrlehrer macht dem Schüler Mut. Mit der Zeit bekommt der Fahrschüler Übung. Das Anfahren klappt immer öfter. Regeln werden überschaubar. Irgendwann ist dann die Autobahn dran, die Nachtfahrt und Anfahren am Berg. Die Herausforderungen werden größer. Und damit wächst die Kompetenz. Langsam braucht man nicht mehr von Sich-durch-den-Verkehr-Würgen zu sprechen, sondern von Autofahren. Ernüchterung führt zu Wachstum – die Kompetenz nimmt zu. Die Zuversicht steht noch auf wackeligen Füßen. Aber man ist ja noch am Üben. Der Fahrlehrer wird gelegentlich Tipps geben und darauf vertrauen, dass sein Schüler mit der Zeit fahren lernt.

Und dann kommt der ersehnte Moment. Der Fahrprüfer steigt ein und sagt: »Jetzt fahren Sie mal los!« Mit Hyperaufmerksamkeit wirft man den Motor an und beachtet hoffentlich alle Stoppschilder. Die Zeit ist gekommen, selbstständig zu werden. Man hat sich über die letzten Wochen Kompetenz angeeignet und mit einem schönen zertifizierten Kärtchen kann man jetzt durch die Republik düsen. Der Fahrlehrer ist jetzt nicht mehr notwendig. Er wird von nun an nicht mehr dabei sein.

Diese Schritte liegen fast jedem Lernprozess zugrunde: vom Übermut über Ernüchterung und Wachstum zur Selbstständigkeit. Diese Phasen sind beim Lernenden durch die Level an Kompetenz und Zuversicht gekennzeichnet. Der Lehrer muss in jeder Phase unterschiedlich handeln: zunächst klare Ansagen machen, dann ermutigen, später coachen und letztlich freisetzen. In den 1980ern stießen die beiden Führungsexperten Paul Hersey und Ken Blanchard bei ihrer Suche nach effektivem Führungsverhalten auf diese Schritte. Ihren Untersuchungen zufolge gibt es nicht nur einen einzigen effektiven Stil, weil er von der Situation abhängt. Ihr Modell nennt sich *Situational Leadership* und ähnelt dem Vorgehen bei der Zusammenstellung eines Teams. Zunächst fragt der oder die Lehrende nach dem Reifegrad der Teilnehmer:

– Reifegrad 1: nicht fähig, aber sehr motiviert
– Reifegrad 2: wenig fähig und wenig zuversichtlich
– Reifegrad 3: zunehmend fähig und unsicher
– Reifegrad 4: fähig, willig und vertrauensvoll

Daraus ergibt sich die Art des Führungsstils:
- Reifegrad 1: Diktieren *(telling)*: genaue Anweisungen geben und die Details überwachen
- Reifegrad 2: Ermutigen *(selling)*: Entscheidungen erklären und emotionale Unterstützung geben
- Reifegrad 3: Coachen *(participating)*: Ideen vermitteln und Entscheidungen unterstützen
- Reifegrad 4: Delegieren *(delegation)*: Verantwortung für Entscheidung und Durchführung übergeben

Mit diesen Schritten wird darauf hingearbeitet, die Übernahme von Verantwortung vorzubereiten. Ohne gute Vorbereitung birgt dieser Weg Risiken.[*] Jesus selbst machte es so: Er berief die Jünger, unterstützte sie, sandte sie einmal zu zweit aus und sprach hinterher mit ihnen über diesen Einsatz, und schließlich legte er die Verantwortung in ihre Hände. Nach diesen Schritt ist die Zeit auch reif dafür, oder?!

VI – Veränderung herbeiführen

»Was wir damals gelernt haben«, um Linus Morris' Worte noch einmal zu wiederholen, »ist die Wichtigkeit von Leiterschaftsentwicklung. Gesunde Gemeinden brauchen gesunde Leiter. Also haben wir unser Hauptaugenmerk auf die Auswahl und Entwicklung von Leitern gelegt.« Es ist das Buffet-Argument vom Anfang. Je mehr Speisen da sind, desto mehr wird gegessen. Je mehr Leiter-Kapazität da ist, desto mehr kommt in Bewegung.

Training, DNA und Charakter sind gute Grundlagen bei einer Gründung. Wenn es gut läuft, wächst die neu gegründete Gemeinschaft, sodass man immer wieder etwas verändern muss. Diese Ver-

---

[*] Hannelore Rus (Wien) sagt: »Solche Prinzipien sind hilfreich, solange man die Freiheit behält, auch davon abzuweichen. Ein guter Leitender entwickelt eine Intuition, wie man wann mit wem umgehen muss. Ich war mehrmals in Situationen, in denen ich Mitarbeitern eigentlich direktiv hätte sagen müssen, was sie zu tun haben, aber wusste, dass sie das zu dem Zeitpunkt als Misstrauensvotum verstanden hätten und demotiviert worden wären. Also habe ich sie ins Wasser springen lassen, gebetet, mit dem Rettungsring am Arm am Beckenrand abgewartet, um sie falls nötig möglichst dezent retten zu können. Bis jetzt hat es sich immer gelohnt, das Risiko einzugehen – schließlich hat Jesus Petrus ja auch aus dem Boot aufs Wasser steigen lassen.«

änderungen wurden in den Interviews immer wieder angesprochen. John Wimber sah das als einen Kernauftrag für Gemeindegründer: »Wenn Leute dazukommen, dann muss man Platz für sie schaffen. Das Leitungsteam, die Kleingruppen und Dienste müssen Neue aufnehmen und sie trainieren. Dieser Innenausbau braucht deine dauernde Aufmerksamkeit, wenn die Gemeinde wachsen soll.«[84] Wimber betonte damit, dass neue Leute einen Platz zum Dienen brauchen, um geistlich zu wachsen. Ohne Beteiligung werden sie keinen Zugang finden und nicht bei der Gemeinde bleiben. Assimilation ist daher eine Kernaufgabe einer wachsenden Gemeinde.

> Ohne Beteiligung findet niemand Zugang zur Gemeinde.

Martin Dreyer sagt etwas Ähnliches, wenn er über die Erfolgsfaktoren einer Gründung spricht: »Man braucht ein Ownership-Prinzip«, erklärt er. »Man muss früh die Leute einbeziehen. Es muss *unser* Ding sein. Als Leiter muss man sich da rausnehmen und Aufgaben verteilen. Das heißt, Gaben zu sehen und diese einzusetzen.« Er betont damit die Haltung der Multiplikation, die vorhin schon angesprochen wurde. Und wie sieht das praktisch aus? »Es braucht Projekte, wo sich die Gemeinde beteiligen kann. Das bedeutet, Raum zu schaffen, damit Leute sich beteiligen können. Und als Leiter muss man sich die Leute früh anschauen, um sie platzieren zu können und Aufgaben gut zu verteilen. Es geht darum, Gaben zu sehen und sie zu fördern.«[*]

Auch Ralf Berger spricht das als einen Punkt an, den er heute anders machen würde: »Wir hätten schon früher überlegen sollen, wie wir die Gemeinde in Bereiche aufteilen können, für die immer zwei Leute zuständig sind. Das möglichst früh zu machen, wäre gut gewesen – anstatt alles selber zu machen, bis man merkt, man kann nicht mehr, und dann schnell jemand finden muss. Dann hätten die Leute auch reinwachsen können.«

---

[*] Stefan Lingott (Heidelberg) sagt: »Ich habe in Gemeinden beides erlebt – leider. Ich war in einer Gemeinde, in der mich die Leiter als jungen, unerfahrenen Teenager Verantwortung tragen ließen und mich dabei begleiteten. Das war enorm motivierend und so wie mir ging es auch anderen. Ich war aber auch in einer Gemeinde, wo man sich nicht angemessen einbringen durfte, sondern erst bestimmte Voraussetzungen erfüllen musste. Das war sehr frustrierend. Ich habe aus beiden Gemeinden enorm viel gelernt – wie man es macht und wie man es nicht macht. Seitdem ist es eine meiner obersten Absichten, Chancen und Möglichkeiten zu eröffnen, dass sich lernbereite junge Leiter ausprobieren und entwickeln können. Es kann gar nicht genug betont werden, wie wichtig die Erkennung und Förderung von Potenzial für die Entwicklung einer Gemeinschaft und einer Bewegung ist.«

Zunächst lebt eine kleine Gruppe von den direkten Beziehungen. Alles kann man miteinander besprechen. Und wenn mal etwas vergessen wurde, ruft man an. Wenn jemand nicht da war, bringt ihn jemand auf den neusten Stand. Ab 20 oder 30 Leuten verändert sich das. Nicht jeder hat immer mit jedem zu tun. Manchmal werden Leute vergessen. Manche stehen mehr im Vordergrund, andere eher im Hintergrund. Die Dynamik der Gruppe ändert sich.

Jan von Wille sagt dazu: »In der ersten Phase gibt es viel Begeisterung. Diese Begeisterung des Pioniers muss ausgekostet werden. Da muss man die Vision an jeden rüberbringen.« Auch Ralf Berger bestätigt das: »Eine wichtige Sache, mit der wir jetzt gerade kämpfen, wo wir vielleicht auch zu spät angefangen haben: Die Gemeindevision war den ersten Leuten klar. Es gab so viel Austausch, dass man das mitbekommen hat. Dann haben wir im Grunde aufgehört, von dieser Vision zu erzählen. Und das ist nicht gut. Das muss man konstant machen. Es lief ja dann irgendwann und man kannte sich. Aber mittlerweile kennt man nicht mehr jeden. Eine Gemeinde braucht einen Kristallisationspunkt. Eine Existenzberechtigung. Einen Grund, warum wir so sind, wie wir sind. Das ist die Gemeindevision. Und wenn man die aus den Augen verliert, dann kann man sich verzetteln.«

Ab einer Gruppengröße von 50 Personen müssen immer mehr Entscheidungen gefällt werden. Das Problem ist nun nicht mehr, dass man den einen oder anderen übersieht, sondern dass man nie mehr alle Teilnehmer zusammenrufen kann. Man braucht Entscheidungsformen, die funktionieren. Auch die Frage nach der Mitgliedschaft muss geregelt werden, und man muss den Finanzen mehr Aufmerksamkeit schenken. Dann kommen irgendwann besondere Bedürfnisse: Kinder, Alte, Jugendliche, Musik etc. Wer leitet die entsprechenden Gruppen? Wenn der Hauptleiter bei allem mitmischt, trägt er mehr und mehr Last. Ab 70 bis 100 Personen wird das nicht mehr machbar sein. Man braucht größere Räume, klare Bereiche, eine Abstimmungsstruktur und weitere Angestellte. Plötzlich ist man weit weg von der Einfachheit des Anfangs, wo eine Vision, etwas Begeisterung und gute Beziehungen gereicht haben. Man muss sich im Klaren darüber sein, ob man das will und wie man damit umgeht.*

Wie findet man Leiter? Man sucht nach Menschen, die das Zeug zum Leiter haben. Dafür braucht man eine gewisse Intuition und das Interesse, sich mit Menschen auseinanderzusetzen. Zukünftige Leiter üben oft schon einen gewissen Einfluss auf ihre Umfeld aus.** Ein Leiter ist jemand, dem Menschen folgen. Er besitzt natürliche Autorität, ganz egal, ob er eine leitende Funktion hat oder nicht. Wenn sein Lebenswandel in Ordnung ist und er die Vision teilt, wird er berufen. Und dann braucht er Platz zum Wachsen. Verantwortung zu übernehmen stellt die beste Möglichkeit dar, um als Leiter zu wachsen. Man muss klare Erwartungen an ihn formulieren und ihn begleiten, um seine Fähigkeiten zu schulen. Wie schon oben beschrieben, war Jesus enorm fokussiert auf seine wenigen Leiter und verbrachte viel Zeit mit ihnen, um ihren Prozess der Veränderung zu begleiten. Diese Zeit muss man unbedingt aufbringen.

> Leiter brauchen Platz zum Wachsen.

Und damit verändert sich die Rolle des Leiters und des Leitungsteams. Wenn am Anfang der Leiter alles gemacht hat und mit jedem kommunizieren konnte, ändert sich das nun. Dazu müssen Strukturen ausgebaut werden. »Wenn die Gemeinde größer werden soll, dann braucht er Einblick in strategische Kompetenzen«, so Jan von

---

* Stefan Lingott (Heidelberg) sagt: »Wie groß ist der größte Teil der deutschen Freikirchen? Die Antwort: 70 bis 120 Mitglieder. In diesem Bereich liegt die Mehrzahl der deutschen Gemeinden. Es überrascht nicht, betrachtet man die Zahlen unter den von Marlin genannten Dynamiken: Die meisten Gemeinden funktionieren nach dem Pastorenprinzip, und sobald dieser Hauptleiter an die Kapazitätsgrenzen stößt, droht Stagnation. Für die Verantwortlichen in so tickenden Gemeinden stellen sich in dieser Phase wichtige strukturelle Fragen. Für Gründer, die noch gar nicht angefangen haben, stellt sich die Frage, ob man es überhaupt so weit kommen lassen möchte. Vielleicht ist die vorherige Multiplikation, bevor man diese Größe erreicht, sinnvoller? Oder vielleicht kann die Gründung von Anfang an netzwerkartig organisiert werden? Es gibt viele Möglichkeiten, eine Gründung zu konzipieren. Aber man muss eine Entscheidung treffen, sonst entscheidet die Zeit für einen.«

** Jan von Wille (Mainz) sagt: »Sehr gut eignet sich dafür der Kinderdienst. Ein Freund von mir hat in seinem Leitungsteam Menschen, die er im Kindergottesdienst ›entdeckt‹ und über viele Jahre hin begleitet hat – bis hin zum ›vollzeitlichen Dienst‹. Ich selbst nehme mir jedes Jahr Zeit, um mit einer Gruppe von Kindern aus der Gemeinde etwas zu unternehmen. Ich beobachte sie dabei, wie sie miteinander umgehen, und versuche frühzeitig, Leitungspersönlichkeiten herauszusuchen. In Absprache mit der Kinderdienstleitung fördern wir diese jungen Menschen besonders, indem sie gezielt Verantwortung in der Gruppe bekommen. Wir nennen das ›kleinen Davids‹. Das ist ein langwieriger Prozess, aber ein sehr erfolgreicher. Viel schwerer finde ich es, Menschen mit Leitungspotenzial zu gewinnen, wenn sie aufgrund ihres Potenzials bereits in anderweitige verantwortliche Posten hineingewachsen sind.«

Wille, Leiter des FEGW in Deutschland. »Es braucht Weitsicht und Flexibilität, damit man die richtigen Leute in Leitungspositionen holt, diese nicht zu früh besetzt und die Leute mit dem richtigen Potenzial dort hat.«[*]

Martin Bühlmann nennt das die Fähigkeit, mit Veränderungen und Krisen umzugehen. »Die meisten Leiter haben überhaupt keine Ahnung von diesen Gebieten«, sagt er. »Sie sind erstaunt, wenn es plötzlich Probleme gibt, und denken, der Teufel wäre los. Aber damit hat es überhaupt nichts zu tun. Es ist eine ganz normale Entwicklung in einer wachsenden Gemeinde, es gibt Unzufriedenheit, Unsicherheit, Überforderung. Daran ist nichts Ungewöhnliches.«

Im Neuen Testament waren die zwölf Apostel in einer ähnlichen Situation. Die Gemeinde wuchs, und die Zwölf mussten immer mehr Lasten schultern. »Wir Apostel sollten unsere Zeit dazu nutzen, das Wort Gottes zu predigen, und uns nicht mit der Organisation der Mahlzeiten oder Ähnlichem beschäftigen«, heißt es in Apostelgeschichte 6,2 (NLB). Mit einem ähnlichen Problem musste sich schon Mose herumschlagen: Sein Schwiegervater Jitro sah ihn bei der Arbeit und sagte ohne Umschweife: »Das machst du nicht gut. Es ist viel zu viel für dich. Die Aufgabe ist zu schwer, du kannst sie nicht allein bewältigen« (vergleiche 2. Mose 18,17-23). Als Leiter kann man sich nicht um jedes Detail kümmern. Das ist weder möglich noch tut man sich selbst oder den Menschen um sich herum damit einen Gefallen.

Der Rat des Jitro: »Sieh dich aber im ganzen Volk nach tüchtigen und zuverlässigen Männern um. Setze sie als Verantwortliche ein.« Also Leiter finden. Deren Aufgabe: »Sie sollen die alltäglichen Streitigkeiten schlichten und nur mit den schwierigeren Fällen zu dir kommen. Mach dir die Last leichter und lass sie mittragen. Wenn du das tust, wirst du durchhalten können, und dieses Volk wird seinen Bestimmungsort sicher erreichen.« Die Verteilung der Aufgaben ist von wesentlicher Bedeutung, um effektiv zu bleiben.

---

[*] Hannelore Rus (Wien) sagt: »Ab einem gewissen Punkt ist eine der größten Herausforderungen für Leitende, sich zu entziehen: Dinge, Dienste nicht selbst zu tun – selbst dann, wenn scheinbar kein anderer da ist, der es tun könnte. Manche nennen das: ›Mut zum Vakuum‹ oder auch ›Mut zur Lücke‹. Ich habe lernen müssen zu erkennen, dass ich der Gruppe nicht dabei helfe, Verantwortung zu übernehmen, wenn ich ihr die Verantwortung abnehme. Jesus hätte die 5000 ja auch selbst speisen können.«

Was genau hatte sich in beiden Fällen verändert? Die Betreffenden gaben sich nicht mehr mit alltäglichen Kleinigkeiten ab, sondern beschäftigten sich mit den grundlegenden Fragestellungen und Themen, die sich um Identität und Ausrichtung drehen. Bei den Aposteln stand nun Beten und Predigen an erster Stelle. Mose übernahm nur noch die schwierigen Fälle. In vielen Organisationen entwickelt sich etwas Ähnliches. Heute spricht die Forschung davon, dass es fünf Funktionen geben muss, damit eine Organisation lebensfähig ist:[85]

1. Tun
2. Koordinieren
3. Überprüfen und optimieren
4. Vorausschauen und planen
5. Für Identität sorgen

Beim Tun (1) werden Aktivitäten ausgeführt und Ziele verfolgt. Beim Koordinieren (2) behält man das Miteinander im Auge und schaut, was in den einzelnen Bereichen gebraucht wird. Beim Überprüfen und Optimieren (3) wird auf alle Bereiche geschaut, ob es läuft und wo Änderungen notwendig sind. Beim Vorausschauen und Planen (4) achtet jemand auf das Umfeld und bespricht, was in der nächsten Zeit ansteht und welche Probleme gelöst werden müssen. Hier entsteht die Strategie und Zukunftsschau. In der letzten Funktion schaut jemand nach der grundsätzlichen Ausrichtung und hält die Vision und Werte am Leben. Dadurch bleibt die Identität am Leben und beeinflusst die gesamte Organisation (5).

Diese fünf Bereiche machen eine lebensfähige Organisation aus. In einer Kleingruppe macht man alles miteinander. Wenn sie wächst, werden die Funktionen verteilt. Wenn eine von ihnen fehlt, fängt die Organisation an zu leiden. Die strategische Kompetenz besteht nun darin, dies im Blick zu haben und die richtigen Funktionsträger auszusuchen. Wenn der Gründer am besten an vorderster Front funktioniert und gut mit Menschen umgehen kann, füllt er am besten die Funktionen 1 und 2 aus. Dann muss er sich Leute suchen, die für die Funktionen 3, 4 und 5 zuständig sind. Wenn er eher der Stratege und Manager ist, braucht er andere zum Tun, Koordinieren und Optimieren. Keiner kann alles. Aber alles muss gemacht werden.*

VII – Salz sein

Nichts ist so gefährlich wie Erfolg, sagt ein altes Sprichwort. Die Gründung brummt und Menschen kommen dazu. Die Gemeinde wächst, Träume werden wahr. Man geht immer neue Schritte, positive Veränderungen zeichnen sich ab. Ein sehr schönes Szenario.

Doch Veränderungen bringen auch eine Gefahr mit sich. »Was nützt es einem Menschen, wenn er die ganze Welt gewinnt, aber seine Seele verliert?«, fragte Jesus. Zuspruch bedeutet nicht automatisch, dass alles richtig läuft. Gerade in erfolgreichen Phasen sollte der Auftrag nicht außer Acht gelassen werden.

Ed Stetzer ist Experte für Gründungen in den USA und spricht über die Gefahr des »Rock-Star-Syndroms« für Pastoren. »Ich reise selbst herum und spreche vor verschiedenen Gemeinden. Aber wenn ich mit diesen Menschen rede, habe ich doch keine biblische Gemeinschaft mit ihnen«, so Stetzer. »Man muss gegen die Versuchung ankämpfen, eine große Zuhörerschaft mit biblischer Gemeinschaft gleichzusetzen. Mit Begabung kann man eine Menschenmenge anziehen. Aber nur eine biblische Gemeinschaft führt zu einer Gemeinde. Was passiert an den anderen 6 Tagen und 23 Stunden? Es sollte ein Leib entstehen, der gemeinsam eine Mission lebt.«

> Gemeinsam eine Mission leben – das ist das Wesen der Gemeinde.

Gemeinsam eine Mission leben – das ist das Wesen der Gemeinde. Und Quantität bringt die Qualität in Gefahr. Eine tolle, neue Gemeinde zu gründen ist nicht der Selbstzweck. Es geht um Gottes Reich in dieser Welt. Und diesen

---

* Jan von Wille (Mainz) sagt: »Neben diesen wichtigen strukturellen Fragen empfinde ich das mögliche Stagnieren der persönlichen geistlichen Autorität als letzte Grenze für die weitere Entwicklung der Gemeinde. Die große Herausforderung für weiteres Wachstum besteht dann im weiteren Wachsen der geistlichen Autorität des Leitungsteams. Nur wenn hier die Kernleute wirklich weiter kommen, kann die Gesamtgemeinde in ihrer Entwicklung ›nachziehen‹.«

Auftrag im Blick zu behalten ist wesentlich für das Fortleben der Gemeinde.*

Als der Apostel Paulus erste Erfahrungen mit Gemeindegründungen gesammelt hatte, kam er nach Jerusalem, um sich mit den anderen Aposteln abzustimmen. Dort wurden kulturelle und theologische Fragen diskutiert, zum Beispiel: Wie jüdisch muss man sein? Welchen Platz hatte Gott für die Heiden vorgesehen? Und was heißt das für das Miteinander? Die Apostel einigten sich auf einen gemeinsamen Weg, und Paulus bekam Freiheit, seinen Weg der Gründung zu verfolgen. Nach dem Handschlag gab es nur noch *»one more thing«* – einen letzten wichtigen Hinweis. »Nur eines haben sie uns nahe gelegt: Wir sollten nicht vergessen, die Bedürftigen zu unterstützen, und darum habe ich mich nach Kräften bemüht« (Galater 2,10; NLB).

Nur eine Einschränkung: die Armen nicht vergessen! Wenn wir in den reichsten Ländern der Erde in der reichsten Zeit der Weltgeschichte den Armen nicht dienen – dann haben wir Gemeindegründung falsch verstanden. Jesus sprach von uns als dem Salz und Licht der Erde. Unsere Gründungen sollten Orte sein, die von Mobilität nach unten geprägt sind. Die es als wahren Gottesdienst verstehen, Waisen und Witwen in ihrer Not zu besuchen (Jakobus 1,27). Das Reich Gottes ist mehr als eine Gemeinde. Es geht um Versöhnung, Gastfreundschaft und die Schwachen. Die Impulse der Barmherzigkeit und des Dienstes in unserem Umfeld sind wesentlich und Teil der Mission Gottes. Egal wie viele Menschen, dieser Auftrag bleibt.

Nur eines haben sie uns nahegelegt: Wir sollten nicht vergessen, die Bedürftigen zu unterstützen, und darum habe ich mich nach Kräften bemüht.

---

* Stefan Lingott (Heidelberg) sagt: »Lesslie Newbigin, einer der großen Missionare und Theologen des 20. Jahrhunderts, hat es mal so oder so ähnlich gesagt: Jesus hat kein Buch geschrieben, sondern eine Gemeinschaft zurückgelassen, die die gute Nachricht vom Reich Gottes bekannt machen und im Alltag verkörpern sollte, und zwar durch Taten und Worte. Unsere Herausforderung in einer postmodernen Welt ist es, die erlebbare Gegenwart Gottes zeitgemäß zu verkörpern, ihr also einen Körper zu geben. Wir sind berufen, ein Stück Himmel auf die Erde zu bringen.«

Anhang

Übungen und Anwendung

In diesem Buch ging es um die fünf Bereiche, die bei einer Gründung von Bedeutung sind und die wir in unseren Interviews entdeckt haben. Zunächst Klarheit, dann das Team und der Plan, schließlich die Wirkung nach außen und Befähigung nach innen. In den einzelnen Kapiteln haben wir von Erfahrungen berichtet, um die Wichtigkeit und Wirkung dieser Bereiche zu verdeutlichen. Bei einer Gründung kann es zu Schwierigkeiten kommen, wenn auch nur einer der Bereiche fehlt.

Wie geht man jetzt mit diesem Wissen um? Am besten ist es natürlich, wenn eine Gründung in einen Verband eingebettet ist und von einer sendenden Gemeinde begleitet wird. Diese Art von Unterstützung und auch die Verpflichtung, Rechenschaft ablegen zu müssen, helfen sehr. Daneben gibt es auch eine Reihe von Trainings und Personen, die sich auf die Begleitung von Gründern spezialisieren. Es ist ratsam, in Ausbildung und professionellen Rat zu investieren – so wie ein gutes Werkzeug sich beim Arbeiten leicht bezahlt macht. Darüber hinaus bieten wir hier einige Startpunkte für weitere Diskussionen. Weitere Übungen, Inhalte und Videos finden sich auf unsrer Webseite www.neue-gemeinden.de. Für alle Leser dieses Buches sind sie kostenlos.

Mit diesen Übungen kann man sich allein beschäftigen, es ist aber stets hilfreicher, darüber im Team zu diskutieren. Weil es sich um teils recht tief gehende Gedanken handelt, sollte man sie schriftlich festhalten und über einen gewissen Zeitraum überdenken (also nicht alles in einer Sitzung machen). Der Weg zur Klarheit erfordert Denken, Beten und Reden. Das kann ein langer Weg sein. Aber vielleicht ist man damit schon die Hälfte des Weges gegangen.

Hier nun die Gedankenstarter …

1. und 2. Kapitel: Klarheit

a) Meine Werte

Stell dir vor, es sind zehn Jahre vergangen und du wurdest für einen Preis nominiert für Menschen, die diese Zeit besonders geprägt haben. Stell dir vor, ein Magazin hat einen Artikel über dich geschrieben, welche Veränderungen du angestoßen hast, welchen Einfluss du auf deine Gruppe, deine Familie, dein Umfeld und deine Region ausübst. Spiele mit dieser Idee und schreib diesen Artikel. Probier es aus und sei mutig. Erlaube dir, deine Träume und Ideale aufzuschreiben, selbst wenn es dir etwas peinlich ist. Folgende Fragen können dir für den Artikel helfen:
- Was war dein größter Beitrag für deine Gruppe?
- Was war dein größter Beitrag für die Leute, die du geführt hast?
- Was war dein größter Beitrag für deine Familie?
- Was war dein größter Beitrag für dein Umfeld?
- Was macht dich im Moment am glücklichsten? Worauf bist du stolz?

Diese Übung kann dir helfen, deine Werte und Ideale zu artikulieren. Du kannst es auch deinen Freunden vorlesen und darüber reden. Das hilft, den inneren Gefühlen mehr Fokus zu geben. Wenn du damit fertig bist, versuche einen Satz zu formulieren, der deinen Beitrag zusammenfasst.

b) Mein Traum

Martin Luther King hat in seiner Rede *I have a dream* sein Bild von einer idealen, einzigartigen Zukunft formuliert. Verfasse deine eigene Version davon. Sie sollte knapp sein, aber nicht nur aus Einzeilern bestehen. Es geht darum, deine Hoffnungen und Träume in Worte zu fassen. Deine Rede sollte etwa fünf bis sieben Minuten dauern. Beschreibe deinen Traum und beantworte folgende Fragen:
- Wie sieht dein ideales Umfeld aus? Was willst du persönlich schaffen?
- Was ist an deinen Träumen und deiner Hoffnung einzigartig? Wie unterscheidet sich das von all den anderen Visionen über die Zukunft?

- Wenn du deine Vorstellungen in die Zukunft projizierst, wie sieht das dann aus? Was wird dann anders sein?
- Welche Bilder kommen dir in den Kopf, wenn du über die Zukunft nachdenkst? Wie sieht es aus? Wie schmeckt es oder fühlt sich an? Welche Symbole oder Bilder beschreiben deine Vision am besten?
- Wie hilft deine Vision den Menschen?

c) Vision formulieren

Ungefähr 400 Jahre vor Christus hatte ein Mann mit Namen Nehemia die Aufgabe, die Stadtmauer in Jerusalem aufzubauen. Die Bewohner der Stadt hatten schon lange mit der zerstörten Mauer gelebt und sahen keine Notwendigkeit, irgendetwas zu ändern. Dass Nehemia eine Vision hat und sie ihnen mitteilt, verändert ihre Einstellung. Sein Vorbild zeigt, wie eine Vision formuliert ist. Er definiert das Problem, präsentiert eine Lösung und begründet, warum jetzt etwas passieren muss:

> *Und ich sprach zu ihnen: Ihr seht das Unglück, in dem wir sind, dass Jerusalem wüst liegt und seine Tore mit Feuer verbrannt sind. Kommt, lasst uns die Mauern Jerusalems wieder aufbauen, damit wir nicht weiter ein Gespött seien! Und ich sagte ihnen, wie gnädig die Hand meines Gottes über mir gewesen war, dazu auch die Worte des Königs, die er mir gesagt hatte. Und sie sprachen: Auf, lasst uns bauen! Und sie nahmen das gute Werk in die Hand. – Nehemia 2,17-18; LUT*

1. Definiere das Problem – jede Vision ist eine Antwort auf ein Problem. Beschreibe, was du als Problem siehst und was passiert, wenn das Problem nicht angesprochen wird. Die Leute müssen verstehen, um was es geht. Dadurch wird ihr Herz bewegt. Dadurch hören sie hin und erklären sich bereit, etwas zu unternehmen.
2. Biete eine Lösung an. Wenn du ein wichtiges Problem der Leute beschreibst und eine klare Lösung präsentierst, kannst du die Menschen bewegen. Nehemia sagte: »Lasst uns die Mauer bauen!« Du musst nicht alle Details beantworten. Dafür gibt es Pläne, Reden und Webseiten. Die Vision beantwortet nur die Frage, wie das Problem gelöst werden soll.

3. Liefere gute Gründe – die Vision braucht eine gute Begründung, warum jetzt etwas passieren muss. Du solltest auf folgende Fragen eingehen: Warum machen wir das? Warum jetzt? Nehemia begründete es so: »Damit wir nicht weiter ein Gespött seien!« Das war theologisch sehr signifikant für die Juden. Heute gibt es viele Probleme, und da ergibt sich die Frage: Warum hat sich bisher niemand darum gekümmert? Wahrscheinlich haben schon viele das Problem gesehen, aber deine Chance ist, dieses unbearbeitete Feld in Angriff zu nehmen und die Lösung anzugehen. Sag den Menschen, warum es sich jetzt lohnt, dabei zu sein.

d) Die Aktionen im Reich Gottes

Durch das Alte und das Neue Testament zieht sich das Reich Gottes wie ein roter Faden. Auch für deine Gründung brauchst du einen roten Faden aus der Bibel. Die folgenden Bibelstellen bieten einen guten Überblick. Studiert sie gemeinsam, schreibt euch die Verben heraus und überlegt, was das für eure Mission bedeutet:

Jesaja 35,3-6
Jesaja 61,1-3
Hesekiel 34,1-4; 11-12
Lukas 4,18
Lukas 7,22
Matthäus 25,35-40
Johannes 10,1-10
Matthäus 10,1-8
Lukas 10,1-12
Markus 16,15-20
Lukas 24,46-49
Matthäus 28,19-20
Apostelgeschichte 1,8

e) Direktes Feedback im Team

Selbsterkenntnis kann sich aus vielen unterschiedlichen Ansätzen nähren. Häufig wird für die Menschen um uns herum recht schnell deutlich, was wir gut und weniger gut können. Diese Übung ist für eine Teamsitzung bestimmt und kann dort das Vertrauen stärken. Dazu braucht es Offenheit und Bereitschaft, über Schwächen zu reden. Es

ist ratsam, dass der Leiter den Anfang macht und damit diese Offenheit erlaubt.
- Als Erstes geben die Teilnehmer dem Leiter ein Feedback. Jeder im Raum nimmt sich ein Blatt Papier und schreibt die größte Stärke und die größte Schwäche des Leiters in Bezug auf die Gründung auf.
- Reihum sagt jeder zunächst, was er als die größte Stärke des Leiters sieht. Der Leiter sollte zuhören und nachfragen, wenn etwas nicht verständlich ist. Er sollte auf keinen Fall diskutieren oder die Einschätzung hinterfragen. Er kann sich gerne Notizen machen.
- Wenn alle ihre Einschätzung der Stärken gegeben haben, geht es in gleicher Reihenfolge um die größte Schwäche. Auch hier sollte der Leiter zuhören und nachfragen, aber nicht hinterfragen.
- Wenn alle ihre Einschätzung zur Schwäche gegeben haben, dann ist die nächste Person an der Reihe. Wiederum schreibt jeder zunächst auf ein Stück Papier die größte Stärke und die größte Schwäche. Reihum geben wieder alle ihre Einschätzung weiter, zunächst die Stärken und dann die Schwächen. Für jeden Teilnehmer werden also zwei Feedbackrunden durchgeführt.

Diese Übung erfordert Mut, um sich zu seiner Einschätzung zu bekennen. Gerade in der Direktheit liegt die Kraft. Folgende Fragen können zum weiteren Nachdenken helfen:
- Waren die Einschätzungen übereinstimmend oder lagen sie sehr weit auseinander? Woran liegt das?
- Gibt es Einschätzungen, die für mich überraschend sind oder schwer zu verdauen? Woran liegt das?
- Wie kann ich meine Stärken für die Gruppe einsetzen? Wo kommen diese am besten zum Zug?
- Wie können meine Schwächen der Gruppe schaden? Wie kann ich diesen Schaden vermeiden?

f) Lebenslinien

Leiter mit dem weitesten Blick sind Leiter, die ihre Vergangenheit verstehen. Folgende Übung kann helfen, den eigenen Weg zu reflektieren und daraus Schlüsse für heute zu ziehen:

- Wähle einen bestimmten Lebensbereich für die nächsten Schritte aus: Das kann dein Innenleben sein, dein beruflicher Weg, dein soziales Umfeld, deine Beziehung mit Gott, dein Einsatz in der Gemeinde, deine Leitung oder deine Freundschaften. Später kannst du diese Übung mit einem anderen Schwerpunkt wiederholen.
- Schau zurück auf dein Leben und schreibe die wichtigsten Ereignisse und Wendepunkte für diesen Schwerpunkt auf. Schreibe alles, was dir einfällt, auf kleine Post-it-Zettel. Geh so weit wie möglich in die Vergangenheit zurück und notiere die prägendsten Erfahrungen bis heute.
- Markiere die Schlüsselereignisse und Erlebnisse, aus denen du etwas gelernt hat, auf diesen Post-its mit einem Stern.
- Male eine Verlaufslinie auf ein großes Blatt (Flipchart) oder eine Wand (mit Krepppapier). Das ist die Zeitachse.
- Klebe die Post-its auf diese Zeitachse. Links ist weit in der Vergangenheit, rechts ist heute. Oben klebst du die emotionalen Hochs und Erfolge hin, unten die Tiefs und Rückschläge.
- Male eine Linie mit deinem Verlauf über die Jahre.
- Neben jedem Ereignis schreibe in ein oder zwei Worten die Lektion auf, die du dort gelernt hast.
- Geh zurück zu jedem Höhepunkt und notiere, warum es ein Hoch war.
- Geh zurück zu den Tiefs und notiere, was du gelernt hast.
- Gehe jetzt deine Notizen noch einmal durch:
- Was für Themen stechen heraus?
- Welche Muster zeigen sich?
- Wie hat Gott dich in diesem Verlauf geformt?

Wenn du willst, wiederhole diesen Ablauf für einen anderen Bereich (Innenleben, Beruf, Soziales, Beziehung zu Gott, Gemeinde, Leitung, Freundschaften).

Diese Übung kann zwei bis drei Stunden dauern. Diese Zeit solltest du dir auch dafür nehmen. Danach können die Ergebnisse auch miteinander geteilt und diskutiert werden. Sie sind hilfreich, um die prägenden Momente zu benennen und daraus eine gemeinsame Geschichte zu machen. Eine Lebenslinie kann auch für das Team oder die Gründung erstellt werden. In diesem Fall arbeiten alle zusammen.

g) Standortbestimmung (SWOT-Analyse)

Eine Analyse der eigenen Situation ist hilfreich, um den eigenen Startpunkt zu verstehen. Die folgende Übung hilft, diese Ausgangsposition klarer zu sehen. Man kann sie für sich als Person, für die Gruppe oder für andere Leute machen.

- Male eine 2x2-Felder-Matrix auf ein großes Blatt Papier. Schreibe in die beiden oberen Felder links »Stärken« und rechts »Schwächen« hinein. In die unteren Felder schreibst du links »Chancen« und rechts »Gefahren«.
- Starte mit dem Feld »Stärken«. Schreibe dort hinein, was du als vorhandene Stärken deiner Gründung ansiehst, und zwar alles, was dir in den Sinn kommt.
- Dann kommt das Feld »Schwächen«. Schreibe dort hinein, worin ihr nicht gut seid. Auch hier solltest du ohne viel nachzudenken deine Gedanken hineinschreiben.
- Dann zu den »Gefahren«. Notiere dort, was sich im Umfeld tut, das zur Bedrohung für euch als Gruppe führen kann. Und wieder: viele Gedanken hineinschreiben.
- Schließlich die »Chancen« – was tut sich im Umfeld, das für euch gute Möglichkeiten bietet?
- Wenn in allen Feldern etwas steht, geht in dieser Reihenfolge die Felder durch und markiert jeweils die Top 3. Diskutiert die Punkte, die euch am wichtigsten sind. Wenn ihr euch nicht einigen könnt, stimmt per Strichliste ab – jeder hat drei Punkte pro Feld zu vergeben.

Mit dieser Priorisierung ergibt sich recht leicht eine Standortbestimmung, die euch sagt, was euch helfen oder auch behindern kann. Diskutiert, was das für euch bedeutet. Diese Übung kann von Zeit zu Zeit wiederholt werden und eignet sich gut, um im Team einen gemeinsamen Blick auf die Zukunft zu werfen.

3. Kapitel: Teamwork

a) Rollen und Zusammenarbeit

Das Team besteht aus unterschiedlichen Menschen mit einzigartigen Stärken und Schwächen. Diese Einzigartigkeit kann zur Bedrohung werden, aber auch eine Chance zur gegenseitigen Unterstützung bieten. Der Unterschied liegt in der Wertschätzung der Unterschiedlichkeit und der Bereitschaft, die Stärken der anderen zuzulassen und die Schwächen zu tragen. Folgende Aktivitäten können dort helfen:

– Führt einen Persönlichkeitstest durch (wie DICS oder Myers-Briggs). Präsentiert euch die Ergebnisse gegenseitig und diskutiert, wie die Veranlagungen euch stärken oder hindern können.
– Diskutiert die Rollen aus dem Kapitel über Teams (aus Epheser 4 und den Interviews). Welche Rollen liegen Einzelnen am ehesten? Welche fehlen euch als Team? Wie können eure Stärken am besten zum Tragen kommen?
– Nehmt euch Zeit, um euch im Hinblick auf eure Verhaltensweisen und Bedürfnisse abzustimmen. Das kann immer mal wieder wiederholt werden und ist erstaunlich wirksam. Sprecht über folgende Fragen:
– Was solltest du über meine Aufgaben, Pläne, Ziele und Vorlieben wissen?
– Was sollte sich ändern, damit wir besser zusammenarbeiten können?
– Was sollte ich über deine Aufgaben, Pläne, Ziele und Vorlieben wissen?
– Was sollte ich ändern, um dich besser unterstützen zu können?

b) Zustand des Teams

Teams gehen durch verschiedene Phasen und brauchen daher unterschiedliche Dinge zu unterschiedlichen Zeiten. Daher ist es hilfreich, über den aktuellen Zustand zu reden. Die folgenden Fragen können euch helfen, eure Phase zu verstehen und Aktionen daraus abzuleiten:

– Geht die Beschreibung der Phasen in Kapitel 3 (Team) durch. Wo würdet ihr euch einschätzen?
– Was steht in dieser Phase an?
– Was braucht ihr, um die nächste Phase zu erreichen?

- Geht die folgenden Aussagen durch und vergebt jeder Punkte auf einer Skala von 1 bis 5 und diskutiert, warum ihr so bewertet habt:
- Wir vertrauen einander im Team.
- Wir gehen mit Konflikten konstruktiv um.
- Wir sind dem Erfolg des Teams verpflichtet.
- Wir hängen uns persönlich für den Auftrag des Teams rein.
- Wir konzentrieren uns darauf, etwas zu bewegen.
- Welche der Bereiche wurden am niedrigsten bewertet? Was braucht es, um dort zuzulegen?

c) Sind wir ein echtes Team?

Diese Fragen aus dem Buch *The Wisdom of Teams* können helfen, die Grundlagen für ein gutes Team zu bewerten. Es lohnt sich, alle Fragen auszuloten und zu sehen, wo ihr als Team Schwächen habt. Wenn Fragen mit *Nein* beantwortet werden, sollte diskutiert werden, ob in diesen Bereichen eine Anpassung notwendig ist.

1. Ist das Team so klein (weniger als 12 Mitglieder, andere halten 6 für das Maximum), dass es möglich ist,
   a) sich leicht und oft zu versammeln?
   b) leicht und häufig zu kommunizieren?
   c) offen zu diskutieren, und zwar so, dass sich alle beteiligen?
   d) die Rollen und Fähigkeiten der anderen zu verstehen?
   e) Sind mehr Teammitglieder oder Unterteams notwendig?

2. Die richtigen Fähigkeiten
   a) Sind genug Experten, Entscheidungsfinder und zwischenmenschliche Fähigkeiten da?
   b) Fehlen Fähigkeiten? Oder sind sie zu wenig ausgeprägt?
   c) Sind alle bereit, Zeit in die Weiterentwicklung der Fähigkeiten zu investieren?
   d) Können sie bei Bedarf Fähigkeiten hinzufügen?

3. Der klare Auftrag
   a) Gibt es einen größeren Auftrag mit langfristiger Bedeutung?
   b) Ist dieser Auftrag wichtig und relevant für das Team?

c) Verstehen alle Mitglieder den Auftrag und beschreiben sie ihn gleich?
d) Vertreten Mitglieder den Auftrag klar und persönlich gegenüber Außenstehenden?
e) Beziehen sich Mitglieder auf den Auftrag? Und reden sie über die Bedeutung und Konsequenzen?
f) Ist der Auftrag für die Mitglieder wichtig und mitreißend?

4. Spezifische Ziele

a) Gibt es wirklich Teamziele (und nicht nur Ziele für die Organisation oder die Einzelnen)?
b) Sind es klare, einfache Ziele, die man messen oder bewerten kann?
c) Sind sie realistisch, aber auch anspruchsvoll? Ergibt sich daraus die Möglichkeit für »Teilsiege«?
d) Ergeben sich daraus konkrete Teilschritte?
e) Ist die Bedeutung und Priorität der Ziele für die Mitglieder klar?
f) Sind die Mitglieder mit den Zielen einverstanden sowie mit der Priorisierung und der Art der Messung?
g) Erklären alle Mitglieder die Ziele auf die gleiche Art und Weise?

5. Der gemeinsame Arbeitsansatz

a) Ist es klar und konkret geregelt, wie man die Arbeit angeht? Wird der Ansatz von allen verstanden und geteilt? Führt er zu den gewünschten Ergebnissen?
b) Passt er zu den Fähigkeiten der Mitglieder? Und fördert er ihre Stärken?
c) Passt er zu den anderen Anforderungen und Verpflichtungen der Mitglieder?
d) Fordert er von allen echte Beiträge?
e) Ermöglicht der Ansatz offene Diskussion, gute Strategien zur Problemlösung und die Bewertung von Arbeitsschritten?
f) Erklären alle Mitglieder den Ansatz auf die gleiche Art?
g) Ermöglicht er Anpassungen und Verbesserungen, wenn nötig?
h) Werden Anregungen und Verbesserungen gesucht und eingebunden?

6. Gegenseitige Verpflichtung
a) Betrachten alle Mitglieder sowohl einzeln als auch gemeinsam Auftrag, Ziele, Ansatz und Ergebnisse als verbindlich?
b) Können Fortschritte gemessen oder bewertet werden? Passiert das auch?
c) Fühlen sich die Mitglieder für alle Maßnahmen verantwortlich?
d) Sind sich die Mitglieder darüber im Klaren, wofür sie einzeln und gemeinsam verantwortlich sind?
e) Herrscht Einigkeit darüber, dass man nur »als Team scheitern kann«?

4. Kapitel: Plan

a) Die fünf entscheidenden Fragen

Peter Drucker schreibt in seinem Buch *Die fünf entscheidenden Fragen des Managements* über grundlegende Ausrichtungen. Auch wenn es aus dem Management etwas wirtschaftlich und kühl klingt, steckt in den Fragen viel Wert für die Planung. Betrachte diese Fragen einzeln und diskutiere sie mit dem Team. Sie können dabei helfen, sich über den eigenen Plan klar zu werden.

1. Was ist unsere Mission?
   - Was wollen wir erreichen?
   - Wie sehen die wichtigsten internen und externen Herausforderungen und Möglichkeiten aus?
   - Haben wir unseren Auftrag richtig formuliert oder muss er überarbeitet werden?
2. Wer ist unsere Zielgruppe?
   - Wen wollen wir erreichen?
   - Hat sich die Zielgruppe verändert?
   - Sind das die richtigen Gruppen? Sollen wir Gruppen hinzufügen oder herausnehmen?

Die Menschen draußen stellen nicht die einzige Zielgruppe dar. Eine zweite Zielgruppe sind Menschen, die schon dazugehören – Mitarbeiter, Besucher etc. Die gleichen Fragen sollten für sie beantwortet werden.

3. Worauf legt unsere Zielgruppe Wert?
   - Womit kommen wir ihren Bedürfnissen, Hoffnungen und Wünschen entgegen?
   - Wie können wir der Zielgruppe etwas von Wert vermitteln?
   - Welchen langfristigen Nutzen können wir vermitteln, der der Zielgruppe wichtig erscheint?
   - Wie vermitteln wir das, was die Menschen wollen?
4. Wie sehen unsere Ergebnisse aus?
   - Wie sollten wir ausgehend von den ersten drei Fragen (Mission, Zielgruppe und Wert) die Ergebnisse definieren?
   - Wie haben wir die Ergebnisse bisher erreicht?
   - Wie gut setzen wir unsere Mittel ein?

5. Was ist der Plan?
   - Welchen Plan haben wir?
   - Was haben wir bisher gelernt? Und was folgt daraus?
   - Worauf sollten wir uns konzentrieren?
   - Was sollten wir anders machen?
   - Mit welchem Plan wollen wir unsere Ergebnisse erreichen?

b) Zweijahresplan

Ein Zweijahresplan kann äußerst hilfreich sein, um die Annahmen und Projektionen transparent zu machen. Die folgenden Fragen sollten in einem Dokument von zwei bis zwölf Seiten beantwortet werden:

Mission: *Was ist unser Auftrag? Warum existieren wir? Was macht uns besonders? Ist der Auftrag klar und präzise?*

Der Auftrag wird ausformuliert. Und zwar knapp und präzise. Er sollte so klar sein, dass man im Aufzug vom 1. in den 3. Stock erklären kann, was man vorhat und warum das wichtig ist. Wir fragten in unseren Interviews Steve Nicholson, der in den USA die Gründungsaktivitäten von Vineyard begleitet und in den letzten 20 Jahren bei Hunderten von Gründungen dabei war, zu den größten Schwächen von Gründern: »Meistens ist die Vision nicht klar. Da brauchen sie die meiste Hilfe. Wir coachen da viel.«

Kernwerte und Stil: *Wie stellen wir uns Kirche vor? Wie leben wir zusammen? Wie sieht unser Bild von der Zukunft aus? Was wollen wir auf keinen Fall? Was ist unser Dienstverständnis?*

Die Werte bekommen Worte, und der Stil wird miteinander abgesprochen. Christoph Schalk begleitet viele Gründer in Deutschland und beantwortet die Frage nach kritischen Punkten bei der Gründung so: »Die Werte im Gründungsteam. Der Gründer ist darauf angewiesen, dass die Gemeinde wächst und vom Start wegkommt, und dann nimmt er jeden, der mit seinen eigenen Werten kommt. Die Vision und Werte passen nicht immer zu den Leuten, die kommen. Das führt zu Frust und Spaltungen und dazu, dass Leute gehen.«

Team: *Wer ist dabei? Was sind unsere Stärken? Wie sind die Rollen verteilt?*

Hier werden die handelnden Personen beschrieben. Seriengründer Steven Sjogren dazu: »Die größte Schwäche ist ein Mangel an Klarheit. Wer bin ich? Wozu bin ich berufen? Wer sich darüber nicht im Klaren ist, kann nicht mit Leidenschaft leben. Wir sollten unsere Stärken entwickeln, nicht unsere Schwächen. Unsere Einzigartigkeit nutzen, um Jesus zu dienen. Und das dann mit 180 km/h leben. Nicht jemand anderen kopieren wollen. Wer superklar ist, lebt in seiner Leidenschaft. Und um das werden sich Menschen scharen.«

Zielgruppe: *Wen wollen wir erreichen? Was brauchen sie? Warum werden sie darauf reagieren? Wie kommen wir mit ihnen in Kontakt?*

An diesem Punkt werden die Menschen beschrieben, die man erreichen will. Man muss sie mit ihren Wünschen und Problemen kennen. Dazu mehr im nächsten Kapitel. Steve Nicholson meint dazu: »Oft fehlt Gründern die Erfahrung, Menschen zu evangelisieren und zu sammeln. Wer keine Menschen sammeln kann, wird keine Kirche haben. So einfach ist das.«

Ziele und Phasen: *Welche Schwerpunkte haben wir? Was kommt wann? Was können wir erreichen?*

In einem Brainstorming kommen die wichtigen Punkte für eine Gründung auf den Tisch. Viele Modelle gehen zunächst die Grundlagen (Gebet, Team, Abstimmung) an, dann die ersten gemeinsamen Aktivitäten (Predigt, Evangelisation, Gottesdienste) und schließlich die Organisation (Kleingruppen, Dienste, Multiplikation).

Ergebnisse: W*as erwarten wir? Was brauchen wir, um weiterzumachen? Wann sind wir bereit für die nächsten Schritte?*

Man muss konkrete Erwartungen formulieren. Nur so kann man überprüfen, ob man Zwischenziele erreicht hat und bereit für den nächsten Schritt ist. Das wird leicht übersehen. Manchmal wartet man wie selbstverständlich auf Ergebnisse, oder man hat seine Erwartungshaltung nicht klar definiert. Oder man gibt 63 Unterpunkte und 153 Aktionen an, die man erreichen muss. Eine wichtige Aufgabe ist, die Ziele zu definieren (und das sind dann hoffentlich gute und richtige Erwartungen).

Finanzen: *Wie viel Geld brauchen wir? Wo kommt das Geld her?*
Kein Plan ist glaubwürdig ohne eine Finanzplanung. Auch hier arbeitet man mit Annahmen. Risiken müssen abgewogen werden. Wenn das Geld ausgeht oder die Planung nicht passt, setzt das die Gründer unter Druck und kann das Ende bedeuten.

Aktionen: *Welche Schritte wollen wir in der nächsten Zeit gehen? Wer macht was? Und wann? Wie sieht die Zeitachse aus?*
Das erinnert an den Lageplan im Tetanusheft. Meist reichen hier drei bis sechs Monate. Hier werden die Verantwortlichkeiten und Prioritäten der nächsten Zeit festgelegt. Die Aktionen sollten dann regelmäßig neu geprüft und geplant werden. Der Schwerpunkt sollte stets darauf liegen, was in der nächsten Zeit den größten Beitrag leisten kann. Es geht also darum, das zu machen, was die Gründung nach vorne bringt.

Dienstphilosophie

Auf Grundlage der fünf Fragen oben und dem guten Verständnis der Zielgruppe sollte über die eigene Dienstphilosophie geredet werden. Eine Dienstphilosophie ist das Grundverständnis, wie die Gemeinde funktionieren soll. Dazu können die folgenden Fragen helfen:

Ausgangsfragen

– Mit welchen drei Worten würdest du die Gemeinde beschreiben, die du gründen willst?
– Wen willst du erreichen?
– Was macht deine Gemeinde zu etwas Besonderem?
– Was ist der größte Vorteil deiner Gemeinde?
– Was könnte die Leute in deiner Zielgruppe am meisten ansprechen?
– Welche Aktivitäten versprechen uns den meisten Erfolg?

Stil

Beschreibe in wenigen Worten deinen Stil in den folgenden Bereichen. Betone vor allem, wo du das Gefühl hast, einen besonderen oder andersartigen Ansatz zu haben:
– Anbetung
– Lehre

- Evangelisation
- Gemeinschaft
- Administration
- Kinder- und Jugendarbeit
- Verhältnis zur Stadt
- Soziale Dienste
- Mission
- Dogmen
- Finanzen
- Ressourcen
- Gebäude

Beschreibe in ein oder zwei Absätzen den Stil deiner Gemeinde, wie du ihn siehst. Welche besondere »Persönlichkeit« wird deine Gemeinde haben?

Werte
- Was sind deine Kernwerte für Gemeinde?
- Welche Grundüberzeugungen werden deine Aktivitäten die nächsten zwei bis drei Jahre begleiten?
- Schreibe sie auf und fasse die Top 10 zusammen.
- Schreibe auf ein Blatt drei Spalten mit den Überschriften »Erreichen« – »Bewahren« – »Vermeiden« (EBV). Schreibe in diese Spalten jeweils Punkte, die dir für deine Gründung einfallen.
- Vergleicht diese Top 10 und die EBV-Analyse miteinander. Was habt ihr gemeinsam? Wo liegt ihr auseinander und könntet in Schwierigkeiten kommen? Wie würdet ihr mit diesen Schwierigkeiten umgehen?

Ansatz

Schreibe in zwei Absätzen deine Dienstphilosophie auf, die sich aus den oben gestellten Fragen ergibt. Findest du einen Slogan oder eine Zusammenfassung dafür?

Keine Situation ist der anderen gleich. Daher wird die Dienstphilosophie jeweils unterschiedlich sein. Besprich diese mit anderen Teams, mit deinem Mentor und Gründungskollegen. Kommt immer wieder zu diesem Dokument zurück und benutzt es, um eure Aktivitäten zu bewerten – ob ihr das Richtige macht und es richtig angeht.

5. Kapitel: Evangelisation

a) Zielgruppen verstehen

Es gibt verschiedene Ansätze, die helfen können, bewusst in die Kultur einzutauchen: ein allgemeiner Überblick über die Bevölkerung, ein Rundgang durch die Nachbarschaft und Interviews mit den Anwohnern. Doch wie soll man an diese Daten kommen? Hier ein paar Tipps und Links, wie man sich in dieses Thema einarbeiten kann:

1. Geistliche Bedürfnisse

Als Letztes wollen wir natürlich herausfinden, was die Menschen unserer Nachbarschaft tief im Herzen bewegt. »Geistliche Bedürfnisse« nennen wir Daten, die die Lebensziele, Bewältigungsstrategien und die religiöse Haltung des Umfeldes beschreiben. Um die Nachbarschaft und die Leute zu verstehen, sollte man folgende Fragen beantworten: Was sind das für Leute? Was beschäftigt sie? Dazu können anhand von Interviews folgende Faktoren analysiert werden. Am Ende sollte wieder ein fünfseitiger Bericht mit den Daten, Analysen und Empfehlungen stehen.

Eine kleine Anregung kann dieser Fragebogen geben:

»Ich bin neu in der Nachbarschaft und würde gerne eine neue Kirche ins Leben rufen, die für die Leute hier da ist. Könnten Sie mir helfen, die Anliegen der Leute hier zu verstehen?
1. Wenn Sie die jungen Leute hier beobachten: Was sind deren Nöte, Hoffnungen, Freuden? In welchem Maße sind sie realistisch?
2. Was sind ihre größten Ängste oder Befürchtungen? Können Sie mir ein paar Beispiele nennen?
3. Zu welcher Art von Kirche würden die Leute gehen, wenn überhaupt? Können Sie eine Kirche beschreiben, die auf die Nöte der Gegend hier eingehen würde?
4. Ihrer Meinung nach: Welche Ansicht über Recht und Unrecht haben die Leute in dieser Nachbarschaft? Welche Werte werden hier vertreten, wodurch werden sie geprägt? Wie gehen Werte verloren?
5. Welche Religionen sind hier sehr stark vertreten? Würden Sie sagen, dass die meisten Leute hier religiös oder spirituell sind?

Welche religiösen Gruppen gibt es hier, die wachsen? Welche sind am effektivsten?
6. Zuletzt: Können Sie mir sagen, wie die wirtschaftliche Lage den Leuten hilft, ihre Hoffnungen und Träume zu erfüllen? Wie könnte eine neue Kirche hier helfen?

Danke für Ihre Zeit und Hilfe. Gibt es jemand Bestimmten, mit dem ich noch reden sollte?«

2. Werte und Lebensgefühl

So genannte ethnografische Daten beschreiben die Kultur, das Lebensgefühl und Verhalten der Menschen in einer Gesellschaft. Das Ziel ist es, mit offenen Augen durch die Welt zu laufen und die Dynamik am Ort verstehen zu lernen.

Hier geht es zum Beispiel um
- Medienverhalten
- Konsumverhalten
- Wertevorstellungen
- Freizeitgestaltung bestimmter Gruppen

Ein Team kann einen Rundgang durch die Nachbarschaft oder den Stadtteil durchführen. Am besten bewaffnet man sich mit Stift, Block und Kamera, läuft durch ein vorher abgesprochenes Gebiet und redet mit Leuten, wann immer das möglich ist. Am Ende sollte das Team einen Report von ca. fünf Seiten schreiben, der die Daten, Analyse und Folgerung enthält.

Strukturen und Faktoren, die die Gegend prägen, sind von besonderem Interesse. Sie können wirtschaftlicher, sozialer, politischer oder religiöser Natur sein. Besonders interessant ist es herauszufinden, welche Arten von Dynamik die Nachbarschaft beeinflussen.

Beispiele für eventuelle Fragen sind:
– Welchen Radiosender hören Sie?
– Was ist Ihre Lieblingssendung im Fernsehen?
– Wie viele Stunden Fernsehen schauen sie täglich?
–· Wie würde eine typische Jenny, ein typischer Michael dieser Stadt aussehen?
– Gibt es Idole oder tief verwurzelte Werte?

- Was ist Ihnen wichtig? (Umweltschutz, sozial-karitative Hilfe, Kirchenmitgliedschaft, Partys, Fußball, mein Job, meine Familie, Freizeitausgleich, Urlaub, Essen ...)
- Wie viel Zeit verwenden Sie für die jeweiligen Dinge?

Es ist wichtig, ein Gespür für die Menschen der Stadt zu bekommen. Lasst euch von eurem Gründungsziel leiten. Welche Menschen wollt ihr erreichen und wo sind die zu finden?

3. Wirtschaft und Gesellschaft – Lage der Bevölkerung

Daten, die nur die wirtschaftliche Lage und die Gesellschaftsstruktur beschreiben. In diesem Bereich geht es um Informationen zum Lebensumfeld, wie:
- Altersstruktur
- Einkommen und Vermögen
- Arbeitslosenquote
- Pendlerzahlen
- Anzahl der Kirchenmitglieder
- Vorhandensein verschiedener Volksgruppen in einer Stadt

Diese Daten werden meist auf den Homepages der jeweiligen Städte in Grundzügen dargestellt. Für detaillierte Informationen kann man das Statistische Jahrbuch beim Rathaus einer Stadt anfordern. Dieses Buch ist jedem Bürger für ca. 10 € zugänglich.

Weitere Anlaufstellen sind:
- Statistisches Bundesamt
- Statistisches Landesamt
- Jugendamt
- Sozialamt
- Wohnungsbaugesellschaften

Bei diesen Ämtern muss im Einzelfall nachgefragt werden.

b) Was ist die gute Nachricht?

Die vier Evangelien haben jeweils eine eigene Perspektive auf Jesus. Sie sind so geschrieben, dass sie für eine bestimmte Kultur besondere Schwerpunkte setzen. Hier ein kurzer Überblick:

	Matthäus	Markus
Autor	Jüdischer Christ, früher ein verachteter Steuereintreiber	Jüdischer Christ
Richtet sich an	Juden	Römer
Jesus wird dargestellt als	Jüdischer Messias und König	Treuer Diener
Darstellung der Herkunft Jesu	Stammbaum geht über David auf Abraham zurück. Jesus ist die Erfüllung der Prophezeiungen im Alten Testament.	Keine Angaben zur Herkunft. Die Taten Jesu, nicht seine Herkunft waren wichtig.
Schwerpunkte	Ca. 60 % des Buchs sind Lehrworte Jesu als Rabbi. 50 Zitate aus dem Alten Testament	Kürzestes Evangelium. Wenig Zitate aus dem AT. Jüdische Sitten werden erklärt. 150 Verben in Gegenwartsform, die Jesu Handeln betonen. 35 Wunder. Ca. 40 % des Buchs sind Worte Jesu.

Lukas	Johannes
Heidnischer Christ, Arzt	Jüdischer Christ, Jünger Jesu
Heiden	Griechen
Perfekter Mensch	Gott
Zurückgeführt auf Adam, um Jesus ganz und gar als Mensch zu zeigen	Jesus als das ewige Wort Gottes
Ca. 50% des Buchs sind Worte Jesu. 13 Frauen werden nur hier erwähnt. Jüdische Sitten erklärt. Schwerpunkt auf den frühen Jahren und dem Innenleben von Jesus (Gedanken, Gefühle)	Ungefähr 90% des Materials findet sich nur in Johannes. Keine Gleichnisse oder Austreibungen. Sieben »Ich bin«-Formulierungen, die Jesus als Gott darstellen

Folgende Fragen können helfen, die Botschaft für dein Umfeld zu durchdenken:
- Wenn du das Evangelium für deine Kultur schreiben müsstest, wo würdest du anfangen?
- Wenn du das Evangelium für deine Kultur schreiben müsstest, wie würdest du Sünde erklären; wie würdest du Erlösung erklären?
- Wenn du das Evangelium für deine Kultur schreiben müsstest, wie würdest du Jesus erklären?
- Wenn du das Evangelium für deine Kultur schreiben müsstest, wie würdest du das Reich Gottes erklären?
- Wenn du das Evangelium für deine Kultur schreiben müsstest, mit welchem Aspekt im Dienst Jesu würde man sich am meisten identifizieren; was wäre am schwierigsten?
- Was ist für dich die gute Nachricht?

c) *Strategie für Evangelisation*

Evangelisation kann leicht in den Hintergrund gedrängt werden und an Fokus verlieren. Daher sollte der Ansatz zur Evangelisation durchdacht werden und klar im Leben der Gemeinde verankert sein. Keine Situation ist wie die andere, und daher ist die Entwicklung einer Strategie für Evangelisation ein Prozess für das gesamte Gründungsteam. Die folgenden Punkte können helfen, in Hinblick auf Evangelisation aktiv und effektiv zu sein:
- Diskutiert eure Dienstphilosophie und eure Zielgruppenbefragung – was sollte in unserem Kontext funktionieren? Wie glauben wir, dass Menschen zum Glauben kommen?
- Wie sind Menschen in unserem Umfeld zum Glauben gekommen?
- Was sind die Stärken in unserem Team und in unserer Gemeinde?
- Wie können wir diese Stärken zur Evangelisation nutzen?
- Was funktioniert und sollte daher gestärkt werden?
- Was funktioniert nicht? Sollten wir daran etwas ändern, es aufhören oder durchhalten?

6. Kapitel: Empowerment

a) Kernpraktiken

Werte sind eine Sache, gelebte Werte eine andere. In der Vineyard sprechen wir von werteorientiertem Gemeindebau, und das ist auch bei einer Gründung wichtig. Was uns zusammenhält, sind nicht Definitionen oder Standards, sondern die geteilten Werte.

Schritte zur Umsetzung:
- Listet eure Kernwerte auf: Was ist so wichtig, dass man nicht darauf verzichten kann?
- Macht ein Brainstorming, bei dem ihr zu jedem Kernwert jedes mögliche Verhalten aufschreibt. Was hat jemand da schon probiert? Wo habt ihr diesen Wert gelebt gesehen? Was würden sich die Leute in eurer Umgebung darunter vorstellen?
- Diskutiert die Verhaltensweisen: Welche Verhaltensweisen kommen dem betreffenden Wert besonders nahe? Welche sind besonders eindrücklich für die Gesellschaft? Was kann man realistischerweise machen?

Einigt euch auf eine Verhaltensweise pro Kernwert.

Formuliert die Praktiken so, dass man sie leicht im Gedächtnis behalten kann. Es kann zum Beispiel helfen, wenn ihr die Reihenfolge oder die Benennung ändert oder ein kleines Bild dazu malt.

b) Prozess für Mitgliedschaft und Jüngerschaft

Der Auftrag zum Wachstum muss bedacht werden. Auch hier wird das Modell stark von der besonderen Situation geprägt sein. Der Ausgangspunkt kann die Dienstphilosophie und das Verständnis der Zielgruppe sein. Daher sollte man die folgenden Fragen durchdenken:
- Wollen wir eine offizielle Mitgliedschaft anbieten? Warum?
- Welche Anforderungen werden an Mitglieder gestellt? Wie werden diese überprüft?
- Welche Angebote stehen Mitgliedern offen?
- Wann ist jemand »dabei«?
- Wie sieht das Ideal der Jüngerschaft aus?
- Woran merken wir, dass jemand in der Jüngerschaft wächst?

- Wie unterstützen wir das Wachstum?
- Was sind die größten Hindernisse für Wachstum? Wie gehen wir damit um?

c) Mentale Möbel

Im Kapitel über Empowerment ging es um die »mentalen Möbel« der Menschen – das, was die Menschen bewegt und wie sie ihre innere Welt sehen. Wir müssen darüber Bescheid wissen, wenn wir diese Menschen unterstützen wollen, damit sie im Glauben wachsen und Verantwortung übernehmen können. Die folgenden Fragen können dabei helfen:

- Was sind die gängigsten Sünden in unserem Umfeld? In unserer Gemeinde?
- Woran orientieren sich die Menschen, abgesehen von Gott, wenn sie nach Glück, Identität und Sicherheit suchen?
- Welche biblischen Themen finden die geringste Resonanz?
- Welche biblischen Themen finden die größte Resonanz?
- In der Kirchengeschichte wurden die folgenden Themen immer wieder als Hindernisse für geistliches Wachstum gesehen. Wie gehen Menschen in deinem Umfeld damit um:
  - Geld und Ambition – dagegen sprechen die biblischen Werte der Armut, des Gebens und der Enthaltsamkeit.
  - Sex und Appetit – dagegen sprechen die biblischen Werte der Reinheit, der Genügsamkeit und Dankbarkeit.
  - Macht und Autorität – dagegen sprechen die biblischen Werte der Ehre, Unterordnung und Bereitschaft zum Dienen.

d) Lebensfähig organisieren

Geht die fünf Funktionen für lebensfähige Organisationen durch und besprecht, wo ihr Stärken und Schwächen habt. Tut das sowohl für die gesamte Gemeinde als auch für einzelne Bereiche:

1. Tun
2. Koordinieren
3. Überprüfen und optimieren
4. Vorausschauen und planen
5. Für Identität sorgen

Im Tun (1) werden Aktivitäten ausgeführt und Ziele verfolgt. Im Koordinieren (2) behält man das Miteinander im Auge und schaut, wo in den einzelnen Bereichen was gebraucht wird. Im Überprüfen und Optimieren (3) wird auf alle Bereiche geschaut, ob es läuft und wo Änderungen notwendig sind. Im Vorausschauen und Planen (4) achtet jemand auf das Umfeld und bespricht, was in der nächsten Zeit ansteht und was gelöst werden muss. Hier entsteht die Strategie und Zukunftsschau. In der letzten Funktion schaut jemand nach der grundsätzlichen Ausrichtung und hält die Vision und die Werte am Leben. Dadurch bleibt die Identität gesichert und beeinflusst die gesamte Organisation (5).

Folgende Fragen können euch helfen:
- Was sind eure Haupttreffen und Aktivitäten? Welche der fünf Funktionen werden damit unterstützt?
- Welche Funktion wird nicht unterstützt und ist bei euch schwach?
- Was muss sich ändern, damit diese Funktion gestärkt wird?

e) Zukünftige Leiter

Die Identifikation und Freisetzung von zukünftigen Leitern unterstützen das Wachstum und die Multiplikationsfähigkeit der Gemeinde. Nehmt euch regelmäßig Zeit, über die Menschen unter euch zu reden und zu sehen, wie ihr sie unterstützen könnt. Folgende Schritte können dabei helfen:

Identifikation:
- Wer könnte in Zukunft Verantwortung übernehmen? (Sammelt zunächst alle Personen, die euch auffallen. Danach geht die folgenden Fragen für jede Person einzeln durch.):
- Was sind die Stärken dieser Person?
- Welche Aufgabe passt für diese Person?
- In welchem Reifegrad ist diese Person gerade?

Wachstum:
- Welche Erfahrungen braucht die Person, um zu wachsen?
- Welche Unterstützung braucht die Person?
- Welche Anforderungen stellt das an uns in der Leitung?

Freisetzung:
- Was sind die Schwächen der betreffenden Person? Was kann sie gefährden?
- Woran merken wir, dass diese Person für die Aufgabe bereit ist?

Anmerkungen

1. U2: Sunday, Bloody Sunday – aus dem Album: War
2. Ivan Fallon (The Independent): Luck and the Irish, http://www.independent.co.uk/arts-entertainment/books/reviews/luck-and-the-irish-by-rf-foster-400487.html
3. Adam Kirsch (NY Sun): Cuddling with the Celtic Tiger, http://www.nysun.com/arts/cuddling-up-with-the-celtic-tiger/71948/
4. Tax Regime IDA Ireland, http://www.idaireland.com/home/index.aspx?id=659
5. Sean Dorgan (The Heritage Foundation), How Ireland became the Celtic Tiger. http://www.heritage.org/Research/WorldwideFreedom/bg1945.cfm
6. James Flanigan (NY Times): Entrepreneurship Takes Off in Ireland http://www.nytimes.com/2008/01/17/business/smallbusiness/17edge.html?_r=3&ref=business&oref=login&oref=slogin
7. Evan Osnos (Chicago Tribune): Jesus in China, http://articles.chicagotribune.com/2008-06-22/news/0806210659_1_house-churches-christianity-fact-party-members
8. David Aikman: Jesus in Bejing
9. Timothy Morgan (Christianity Today): China arrests dozens of prominent Christians. http://www.christianitytoday.com/ct/2004/februaryweb-only/2-16-31.0.html
10. Rodney Stark: The Rise of Christianity
11. Kathryn Lopez (National Review): Do They Know It's Christmas? http://www.nationalreview.com/interrogatory/aikman200312220001.asp
12. Yading Li (Christian History & Biography, 28): No Compromise
13. Andrew Higgins (Wall Street Journal): In Europe, God is not dead, http://online.wsj.com/article/SB118434936941966055.html
14. Rodney Stark: Acts of Faith, S. 224 und Churching of America, S. 215
15. Wikipedia: Roger Bannister, http://en.wikipedia.org/wiki/Roger_Bannister
16. Peter Drucker: Managing the Non-Profit Organization, S. 166–168
17. ebd.
18. Wolfram Weimer: Gott ist wieder da. Cicero – http://www.cicero.de/97.php?ress_id=4&item=1316
19. Wikipedia: Religion in Europe. http://en.wikipedia.org/wiki/Religion_in_Europe
20. http://www.notbored.org/sinead.html
21. Julia Rahm (dran): Sinéad O'Connor: Gott aus der Religion befreien? www.dran.de/musikbuchfilm/artikel/ansicht/-/156421sinead-o-connor-gott-aus-der-religion-befreien.html
22. Wolfram Weimer: Gott ist wieder da. Cicero – http://www.cicero.de/97.php?ress_id=4&item=1316

23 C. Peter Wagner.
24 Peter Drucker: Managing the Non-Profit Organization, S. 3
25 Noel Tichy: *The Cycle of Leadership*, in: The Leadership Engine, S. 189
26 Diese Übung ist im Anhang zu finden
27 JSD (Dennis Sparks): Explain, Inspire, Lead – An Interview with Noel Tichy. http://www.nsdc.org/library/publications/jsd/tichy262.cfm?printPage=1&
28 Peter Drucker: Managing the Non-Profit Organization, S. 45
29 ABC Queensland: Former Jesuit turned Chief Executive http://www.abc.net.au/queensland/conversations/stories/s2014195.htm?queensland
30 Walter Mückstein: Die großen Exerzitien von Ignatius von Loyola http://downloads.bistummainz.de/17/1634/1/27415683484577318011.pdf
31 Zitiert nach Kenneth Leech: Soul Friend, S. 144
32 Henri Nouwen: Can you Drink the Cup?, S. 28
33 Peter Drucker: Managing the Non-Profit Organization
34 http://www.timjahn.com/blog/12/22/2008/make-friends-with-your-weaknesses
35 Peter Drucker (Leadership Journal): Managing to Minister. http://ctlibrary.com/le/1989/spring/89l2014.html
36 Michael Henderson: John Wesley's Class Meeting, S. 48
37 Marc Andreessen: The Pmarca Guide to Startups, part 1: Why not to do a startup. http://blog.pmarca.com/2007/06/the_pmarca_guid_1.html
38 Todd Hunter: Without hope, nothing could begin. Blog: 11/11/04
39 http://de.wikipedia.org/wiki/Cargo-Kult
40 BBC News: Cargo cult lives on in the South Pacific http://news.bbc.co.uk/1/hi/world/asia-pacific/6370991.stm
41 JSD (Dennis Sparks): Explain, Inspire, Lead – An Interview with Noel Tichy. http://www.nsdc.org/library/publications/jsd/tichy262.cfm?printPage=1&
42 Martin Bühlmann: Gemeinde leben, Gemeinde lieben http://www.jesus.ch/index.php/d/print/661/31383/
43 Belbin unterscheidet Neuerer/Erfinder, Wegbereiter/Weichensteller, Koordinator/Integrator, Macher, Beobachter, Teamarbeiter/Mitspieler, Umsetzer und Perfektionist
44 Die Unterscheidung lautet: Innen – Umsetzer, Perfektionist, Teamarbeiter, Beobachter; Außen – Macher, Koordinator, Wegbereiter, Neuerer
45 Es gibt die Ausrichtung nach: Aktionen (Macher, Umsetzer, Perfektionist), Menschen (Koordinator, Teamarbeiter, Wegbereiter) und Denken und Reflektieren (Neuerer, Beobachter)
46 Alan Hirsch: The Forgotten Ways, S. 157
47 Die Navigatoren nutzten dieses Modell und nannten die Phasen: Euphorie, Desillusionierung, Entscheidung und Fruchtbarkeit

48 Aus Kozlowski etc.: Team Development Dynamics
49 Teamgröße scheint wichtig zu sein, damit Kommunikation klappt und jeder mitzieht. Laut Katzenbach nimmt die Effektivität bei zwölf rapide ab. Andere raten zu maximal sechs Mitgliedern für ein gutes Team
50 Bei den Zielen gibt es noch die wichtigen »Small Wins«, kleine erste Ergebnisse, anhand derer man sehen kann, dass man auf dem richtigen Weg ist. Das gibt Rückmeldung und führt zu Selbstvertrauen und Fokus
51 Ausführliche Fragen und Anleitung dazu im Anhang
52 Das wird als Team-Efficacy bezeichnet, eine der wichtigsten Größen in der Forschung. Ein ähnliches Konzept sind die *shared mental maps*, die ebenfalls ausführlich beschrieben sind
53 Rob Goffee and Gareth Jones: What Holds the Modern Organization Together; Harvard Business Review, 1996
54 David Allen Interview: The Natural Planning Model http://www.youtube.com/watch?v=TQyI-w7YO6w
55 Alexander Venter: Doing Church
56 Rick Warren: Kirche mit Vision
57 Peter Drucker: The Five Most Important Questions. S. 4
58 ebd. S. 68–70
59 Leventhal, H., Singer, R., Jones, S.: Effects of Fear and Specificity of Recommendation Upon Attitudes and Behavior, JPSP, 2/1965, S. 20–29.
60 Carl Tuttle: The Three Rs: http://www.carltuttle.com/tuttle-thoughts/2009/1/10/the-three-rs.html
61 hE + uN + kK = mE
hoher Echtheitsgrad + unmittelbare Nähe + klare Kommunikation = maximaler Effekt
62 Von einer gesamten geschätzten Bevölkerung von 60 Millionen. Das sind 57 %. Stark: Rise of Christianity, S. 7
63 Robert Coleman, The Master Plan of Evangelism, S. 35
64 A. Webber: Four Who Know http://www.fastcompany.com/magazine/11/fourknow.html
65 Bill Jackson: The Quest for the Radical Middle, S. 52
66 Rick Warren: Purpose Driven Church, S. 42
67 Tim Stafford: How Tim Keller Found Manhattan http://www.christianitytoday.com/ct/2009/june/15.20.html?start=2
68 ICF-Zeitschrift Amen, 6/1996, S. 3
69 Keller/Thompson: Church Planting Manual, S. 257
70 Mehr dazu im Anhang
71 Apostelgeschichte 2,41-42
72 Ernest Eberhard: How to Share the Gospel http://www.scm-brockhaus.de/HtStG

73 Die Engel-Skala beschreibt die folgenden Schritte einer Bekehrung:
 - −8 – Bewusstsein eines übernatürlichen Wesens, keine Kenntnis des Evangeliums
 - −7 – erste Berührungspunkte mit dem Evangelium
 - −6 – kennt die Grundlagen des Evangeliums
 - −5 – kennt die Bedeutung und Konsequenzen des Evangeliums
 - −4 – positive Einstellung zum Evangelium
 - −3 – erkennt seine persönlichen Probleme
 - −2 – Bereitschaft zur Handlung und Veränderung
 - −1 – Umkehr und Glaube an Jesus

 Wenn eine Person zum Glauben kommt, ist der Prozess nach Engel noch nicht abgeschlossen. Hier gibt es dann die folgenden Schritte:
 - +1 – Überdenken der Entscheidung
 - +2 – Aufnahme in die Gemeinde
 - +3 – Wachstum im Verstehen und Verhalten
 - +4 – Gemeinschaft mit Gott
 - +5 – Verwalterschaft

74 Dean Kelley, Why Conservative Churches Are Growing, S. 48
75 Rodney Stark, Churching of America, S. 113–114
76 Vergl. Hybels: Contagious Christian, S. 32
77 Keller/Thompson: S. 124
78 Bob Logan, Tom Clegg: Releasing your Church's Potential
79 Billy Graham Speaks: *The Evangelical World Prospect*, in: Christianity Today, vol. 3, no. 1, p. 5, Oct. 13, 1958
80 Robert Coleman, The Master Plan of Evangelism, S. 97
81 Robert Coleman, The Master Plan of Evangelism, S. 114
82 Dallas Willard: Becoming the Kind of Leaders who Can do the Job: Cutting Edge, early summer 1999, S. 10
83 Alan Hirsch: Forgotten Ways Handbook
84 John Wimber: The Seven Constants of Churchplanting
85 In der Literatur unter der Bezeichnung *Viable Systems Model* bekannt

Träumen Sie auch von christlichen Gemeinschaften mit Menschen, die wirklich als Jünger von Jesus Christus leben? Menschen, die nicht nur Gottesdienste besuchen? Menschen, die sich gegenseitig unterstützen und mit Freude Jesus fern stehenden Menschen von ihrem Erleben mit Gott erzählen? Menschen, die verbindlich in der christlichen Gemeinschaft mitleben und die Vision und den Auftrag ihrer Gemeinde mittragen?

jesusmässig! ist ein inhaltlicher Ansatz zur Entwicklung von glaubwürdigem Christsein im Alltag.

Für eine mehrwöchige Gemeindeaktion steht umfangreiches Material zur Verfügung:

* Impulsbuch für Erwachsene
* Andachtsheft für Schulkinder
* Check-Up
* Kleingruppenheft
* Wertekompass
* 1 CD-ROM mit Material für die 14 Gottesdienste incl. Kindergottesdienste

www. vineyard-dach.net

vineyard e empowerment

Martin Bühlmann, Marcus B. Hausner

wertvoll!
Werte leben – Menschen stärken – Welt verändern

Wie können Christen postmoderne Menschen ansprechen? Was hat in Zeiten Bestand, wo vieles hinterfragt wird und alles relativ ist?

Martin Bühlmann und Marcus B. Hauser sind überzeugt: Es sind Werte! Sie halten Gruppen zusammen und geben Richtung. Die Autoren stellen fünf zentrale Werte vor und zeigen praktisch und mit vielen Beispielen, wie man das eigene Leben und die Gemeindearbeit nach ihnen ausrichten und so die Welt verändern kann.

Gebunden, 13,5 x 20,5 cm, 208 Seiten
Nr. 226.315

SCM R.Brockhaus

Richard Clinton

Mein Fels, mein Freund und meine Freude
Eine Reise zu einem gesunden, biblischen Gottesbild

Richard Clinton zeigt in diesem sehr praktischen und überaus hilfreichen Buch, wie wichtig ein gesundes Gottesbild für unser Glaubensleben ist. Dabei geht er der Frage nach, wie es geformt wird – im Positiven und Negativen.
Wenn wir unsere Beziehung zu Gott vertiefen und in ihm wachsen wollen, ist es ganz entscheidend, dass wir zu einer gesunden Sicht von Gott zurückfinden.
Ein großer Teil des Buches widmet sich daher auch verschiedenen Gottesbildern aus der Bibel.

Paperback, 13,5 x 20,5 cm, 160 S.
Nr. 226.354

SCM R.Brockhaus